君子文化

周　掀　著

山西出版传媒集团

三晋出版社

图书在版编目（CIP）数据

君子文化/周掀著 . -- 太原：三晋出版社，
2022.10

ISBN 978-7-5457-2578-0

Ⅰ . ①君… Ⅱ . ①周… Ⅲ . ①传统文化 – 研究 – 中国
Ⅳ . ① K203

中国版本图书馆 CIP 数据核字（2022）第 186792 号

君子文化

著 者：	周 掀	
责任编辑：	张 路	

出 版 者：山西出版传媒集团·三晋出版社
地 址：太原市建设南路 21 号
电 话：0351-4956036（总编室）
　　　　0351-4922203（印制部）
网 址：http://www.sjchs.cn

经 销 者：新华书店
承 印 者：武汉市首壹印务有限公司

开 本：880mm×1230mm 1/32
印 张：5.625
字 数：150 千字
版 次：2022 年 10 月第 1 版
印 次：2023 年 1 月第 1 次印刷
书 号：ISBN 978-7-5457-2578-0
定 价：49.80 元

如有印装质量问题，请与本社发行部联系 电话：0351-4922268

▶自序

中国的传统文化无疑是博大精深的，可因为儒家文化长期一枝独秀，中国文化就一度越走越窄。其实不管在文化界还是思想界，统一绝然不是什么值得庆贺的事。儒家，不客气地说，是世界观文化里的侏儒。但我依然可以毫不客气地说，儒家是政治文化也是人生观文化里的巨人。

孔子有清晰的世界观吗？我觉得没有。孔子的世界观可以用《论语》里的一句话来概括："子不语怪力乱神。"很多人拿这句话来证明孔子是一个无神论者，这在我看来是可笑的。孔子从来没有在唯物和唯心中做过选择，不是不愿也，是不能也。"知之为知之，不知为不知，是知也"这句话，既体现了孔子的世界观，也体现了他的人生观。

老子是一个神人，他的《道德经》无比宏阔，然而道家早就成为了道教。与孔子恰相反，老子是世界观文化里的巨人，但却是人生观文化里的侏儒。在老子眼里，人与人应当无差别。庄子进一步发扬了老子的精神，倡导起人与动物无差别。这就成了天大的笑话。如此伟岸的两位思想巨人，居然看不清人与人的区别，居然看不清人与动物的区别。

　　自吹自擂地说，《君子文化》是取儒家文化与道家文化之精华而成的，当然，儒家文化的成分更多一些。没有宏阔的世界观，再辉煌的人生观也必将沦为过去；没有积极的人生观，就不可能真正打开世界观。写这本书是有背景的，如果没有树立起自我否定的世界观，如果对人性的认识还停留在孔孟老庄时代，我就不可能写出《君子文化》一书。

　　为了更好地阅读此书，我不得不说明一个问题。本书中有一些用语是我独创的，如"人之动物性""人之社会性"。还有一些是对经典的再诠释，比如对"义"的理解，对"善"的理解。然而我深深地知道，不管是独创也好，再诠释也好，都是需要谨慎的。但独创与再诠释在本书中又是必须的，因为我虽然极为欣赏孔子，也对老子满怀敬意，但我更希望将孔老之精神发扬光大。

作　者

2022/11/12

君子八问

君子本意为君王之子，后特指那些在行为举止上堪称具有表率作用的人。早在先秦时期，像孔子、庄子这样的思想大家尤其热衷于探讨人的本性和修为，并喜欢把人美好的那一面投射到"君子"二字上去。后人继承了这样的传统，不断把自己所推崇的优秀品质逐一加诸君子身上。这样经过两千多年的凿磨和筛选，那些经久不衰的精神意志便终于打造出了一尊中华文明独有的且颇为丰满伟岸的君子塑像，从而使"君子"这个词语变成了品格高尚的代称。

仅一部《论语》，直接描述君子的语句就超过七十条，像"君子周急不济富""君子不器""君子不党"等。然而，尽管在中华文明中对君子的形象有数不清的描述，但没有一种描述能够完全概括君子。不仅如此，哪怕是将目前所有与君子相关的描述都汇总起来，也必定无法将君子形象定格下来。因为君子形象不是一成不变的。君子形象是随着时代的发展而发展着的，在代代相承中会不断获得新的诠释和开发。

因此，君子形象不应该被脸谱化。然而，即使是在中国传统文化熏陶下长大的我们，也常常误会了君子，以为君子就应该是那样的，或就不应该是那样的。所以我希望通过剖析以下八个问题，让我们在大体上对君子有一个正确的认识。

第一个问题：

关于君子的写照那么多，可对我们这些渴望学习和效仿的人来说，究竟是做到了其中的一条能称为君子呢，还是要全部做到才能称为君子呢？

《论语·颜渊》中记载道：

司马牛问君子。子曰："君子不忧不惧。"曰："不忧不惧，斯谓之君子已乎？"子曰："内省不疚，夫何忧何惧？"

关于君子的经典描述绝大多数都是立足于某个点，或者是某个面的，而像上述试图从整体上去把握君子内涵的记载是少之又少的，即使在通篇不离君子的《论语》里，也仅出现过三次。除了上面这次外，其中一次出现在《论语·宪问》中：

子路问君子。子曰："修己以敬。"曰："如斯而已乎？"曰："修己以安人。"曰："如斯而已乎？"曰："修己以安百姓。修己以安百姓，尧、舜其犹病诸！"

另一次出现在《论语·尧曰》中：

子曰："不知命，无以为君子也。"

应该说，司马牛这一问给了我们一个机会，得以一窥在孔子心目中到底是如何定义君子的。然而令人遗憾的是，孔子在司马牛的追问下竟然答非所问起来。照理说，"不忧不惧，斯谓之君子已乎"这个问题，其实是表达了这样一个疑问，即不忧不惧是成为君子的充分条件吗？可孔子显然没有正面回答司马牛这个问题，而是对不忧不惧给出了一个在逻辑上颇为牵强的推导，即一个人只有做到内省不疚才能达到不忧不惧。且不说这样的推导是否站得住脚，就算站得住脚，若是司马牛继续向孔子追问道："内省不疚，斯谓之君子已乎？"孔子会如何回答呢？只要看一看前面提到的"子路问君子"那一段，就可以想见，孔子仍然不会对这个问题进行正面回答。

再来看《论语·宪问》中的一段记载：

子曰："君子道者三，我无能焉：仁者不忧，知者不惑，勇者不惧。"

其实，关于"君子道"显然不止这三个，在《论语》中就有不少，比如"有君子之道四焉：其行己也恭，其事上也敬，其养民也惠，其使民也义"；再如"君子所贵乎道者三：动容貌，斯远暴慢矣；正颜色，斯近信矣；出辞气，斯远鄙倍矣"，等等。

尽管古往今来包括其学生子贡在内的很多人都认为"我无能焉"不过是孔子的谦辞，但我更愿意将这理解为孔子的自知之明。其实准确地说，这不是无能，而是不可能。因为，一个人再仁也做不到无忧，再智也做不到不惑，再勇也做不到无惧。忧、惑、惧都是人得以成为人的必要条件。尤其是惑，更是使人能够成为万物之灵的主要原因。所以，有自知之明的人是不会企图自己做到无忧、无惑、无惧的，更不会标榜自己已经做到了无忧、无惑、无惧。

那么，孔子把"仁者不忧，知者不惑，勇者不惧"强调为君子之道是不是错了呢？要回答这样的问题是很不容易的。事实上，我们在面对传统文化，尤其是面对经典的时候，非常容易陷入这样一个误区，就是一只脚踏入盲目崇拜的泥潭，而另一只脚却又踏入盲目排斥的涡流。要避免这个误区，就要求我们一方面在内心深处对既有文明充满敬意，另一方面在虚下心来传承文明的基础上还要鼓起勇气发展文明。再回到孔子上，如果2500年后的我们还把他的言论当作教条，当作金科玉律，那才真的是对这位中华文明最伟大启蒙者的侮辱。当然，我们同样没有任何数落或笑话孔子的理由，因为即使我们在这方面已经拥有更高明的认知，那也是在他的启发下萌生的。

所以，我只希望冷静地重新诠释"君子道者三……仁者不忧，知者不惑，勇者不惧"这句话的内涵：一个想成为君子的人应该做到这样三件事：忧患来袭的时候要培养仁心克服之，面临困惑的时候要发展认知解除之，遭遇恐惧的时候要鼓起勇气面对之。

可以看出，不管是"不忧不惧"还是"仁者不忧，知者不惑，勇者不惧"都不过是一个立志于君子之道的人应该去做的，而不是成为君子的标志。事实上，再来看前面提到的"不知命，无以为君子也"这句话，看起来是企图从反面去整体把握君子这个概念，但事实上，也不过是强调了想成为君子的人应该要做到所谓的"知命"罢了。换句话说，知命在孔子眼里其实只是成为君子的一个必要条件，并没有比不忧、不惧这些更特殊一些。

通过以上赘述，我们或许可以得出一个结论，《论语》并没有试图从整体上去概括君子这个概念，而是把君子当作了像克莱因瓶一样的容器，希望将所有值得发扬和延续的人格品质都装进去。而后来人珍藏了这个克莱因瓶，并继续往这个瓶中添加他们所推崇的君子品性。

阐述完这些后，我们就可以来回答第一个问题了，即究竟是做到了其中的一条能称为君子呢，还是要全部做到才能称为君子呢？我分两个角度来回答这个问题。

其一，从自身角度来说，要把向君子看齐当作是我们毕生的修炼，但不管自己已经做到了几条，都不要把自己当作真正的君子。因为真正的君子其实就是完美人格的代称，而完美人格既不存在于想象中，更不存在于世上。只要人类在进步，那么完美人格就永远不能成形和定格，他一定是在发展变化中的。所以，把自己当作是真正的君子这本身是违背君子之道的。

其二，从观察者的角度来说，要不断强化辨析君子之道的能力，在发现他人所具有的君子行为时，首先应当在内心深处给予充分的肯定，如有必要，也可以将其当作君子对外界加以宣讲。即哪怕他人只做到了君子行为的某一条，我们也可以适时地将其褒奖为君子。

第二个问题：

君子与小人好区分，但如何分辨君子和伪君子？

在解答上一个问题的过程中已经提到，我们不可以把自己当作君子，但是可以把别人当作君子来看待。曾经，君子的称号是一个金字招牌，代表着优秀和值得信任。然而，现如今的人们哪

怕真心认同某人的君子品格，也往往不敢称呼其为君子，因为"君子"似乎已经不再是一个褒义词。

尽管名和利从来都是人类社会的焦点，但像今天这样把名和利当作正当追求的时代在整个中国的历史上恐怕都是不多见的。不过，从以前的惧怕名利到今天的崇拜名利，这不是文明的衰退，而恰恰表明了文明一直以来都没有迈过名利这个坎。我们正处在一个撕破一切伪装直面名利冲击的年代，故此，假冒伪劣屡禁不止，沽名钓誉几为常态。所以大家或许已经习惯了，不管是什么好东西或者是好名声，如果不把"真的"二字强调出来，都感觉不到是在褒奖。

可是，"真的"君子就一定是君子吗？在把假的越做越真的当下，我不敢奢求自己拥有一双能够识别任何真假的火眼金睛。但我希望在鉴别君子这个目标上，一定要练好双眼，一来不要因为错过了某位君子而平添遗憾，二来不要被伪君子蒙蔽，毕竟落下个笑柄尚不足恤，污了君子之名却着实是一桩无法原谅的大事。

君子风采各异，有爱人者，有上达者，有周而不比者，有不知不愠者，有耻其言而过其行者，有先天下之忧而忧者……

伪君子则千篇一律，形似而神非。形乃行为，神是目的。伪君子做着与君子形同的行为，但其目的仅仅是为了得到旁观之人对其的称道，因此若无旁观者，其做法必定迥然不同。

不过，人皆有可取之处，即使是那种看起来彻头彻尾的伪君子也总有其可取之处。倘若这种可取之处暗合了某种君子之道，那我们在这个点上也不妨夸他一声君子。

同样，人无完人，堂堂君子也有犯浑甚至有干出欺世盗名之事的时候，那么这时候骂他一句小人令其警醒又有何妨？

所以，君子有褪色的时候，伪君子也不总是小人。擦亮眼睛细细品吧。

第三个问题：

我们应当保有什么样的心态去看待君子？

君子大体有两类，即修身者与齐家治国平天下者。修身者令人羡慕钦佩，齐家治国平天下者令人信赖崇敬。然而无论哪一类君子，必有其不俗之处，也必有其狭隘之心。毕竟任何一个所谓的君子都不可能在君子之道上面面俱到，故自然无法处处做到超凡脱俗。

有君子群而不党，有君子不器，然不党者未必不器；

有君子怀刑，有君子怀德，然怀刑者未必怀德；

有君子坦荡荡，有君子泰而不骄，然坦荡荡者未必泰而不骄；

有君子病无能，有君子固穷，然病无能者未必固穷；

……

由此可知，君子不是圣人。永远不把自己当君子，就是为了保持头脑清醒，决不企图把自己当作圣人；不把别人当圣人，却可以把别人看作君子，就能做到既不求全责备，又能取人所长。

第四个问题：

为什么要做君子？

很多人一定以为，认识到自己永远成不了君子是一种消极情绪，其实全然相反。因为持有这种认识的人正是看到了自己在成

长方面的无限可能性，而这种看法显然是非常乐观而积极的。所以，认识到自己不可能成为君子绝不是自己不努力去做一个君子的理由，而恰恰是自己在努力做君子的路上给自己敲响的警钟，以避免自己停下努力的脚步。

其实，所谓做君子便是认识和培养君子品性。

中华文明已经给我们发现和创造了非常多的君子品性，但其中任何一种品性都不是简单的拿过来就可以用在自己身上的。对某一个君子品性而言，有的人接受得快一些，有的人接受得慢一些，但任何人都需要一个接受的过程。如果把人性看作是动物性和社会性的结合，那么君子品性必定是属于社会性的，而且几乎与人的所有动物性格格不入。这样看的话我们就很容易明白一个道理，即君子品性的形成不是与生俱来的，而是后天习得的，并且与我们所处的社会以及我们融入社会的过程息息相关。

不管前人给我们留下了多少关于君子的记载，都需要依靠今人的品评、诠释，以及身体力行才能将那些符合当前人类价值观的君子品性传承和发扬下去。而那些经久不衰的君子品性，其实就是几百上千年来一直符合人类价值观取向的精神品质。

需要阐明的是，人类的价值观取向通常是与人类自身的动物性相违背的，那些时不时会出现的以人之动物性为根基的价值观则极有可能是反人类的，绝大多数都经不住历史的考验。所以，当我们认识到培养君子品性能够克服自身狭隘的动物性，能够引领我们不断成为更高级的人时，我们就认识到了自己为什么要做君子。

第五个问题：

如何做君子？

当一个人认识到做君子的意义时，就具备了做君子的前提条件，而做君子的过程其实就是通过改造自身价值观来克服自身狭隘性的过程。所以，做君子是在心动和行动的共同作用下完成的，即心动中有行动，行动中有心动。

所谓心动是这么一个过程，即从开始懂得领略某个君子品性的魅力到充分认识这个品性的价值。在社会的指引下，一个人要领略到传统君子品性的魅力是不难的，但要想充分认识到该价值就必须在身体力行中不断思索才有可能完成。而若是无法充分认识到某个君子品性的价值，是不可能使自己真正具备这种品性的。那种盲目的、刻板的行为，哪怕看起来多么像君子，也不是"真君子"。

所谓行动是这么一个过程，从刻意效仿到自然而然。因为君子品性建立在人之社会性这个基础上，因此充分融入社会是一个人能够成为君子的必要条件。而充分融入社会的人通常已经成年了，这就意味着，我们要像孩子那样毫无芥蒂地去效仿某种行为是很难的。客观地说，大部分成年人都有这样的心理障碍。但是我们一定要看清楚，做君子必然意味着自我改变。因此一个害怕改变的人首先要让自己习惯于改变，否则还谈什么做君子呢？当然，刻意效仿的行为很容易招来异样的眼光，但我们要学会不在意，毕竟做君子从本质上说是做更好的自己，而不是做更好的演员。

我们要相信，只要我们心动后敢于行动，那么无论什么样的君子品性都有可能被自身所吸纳，从而成为自身品性中的一部分。当然我们同时也要明白，不是每一次心动和行动的共同作用都能给自己带来期望中的收获的，更不要因此而停下做君子的脚步。事实上，自我改变的过程往往比结果更有价值，其意义更加悠远。

第六个问题：

君子相是君子的行为准则吗？

君子相是伪君子的行为准则，不是君子的行为准则。

君子没有刻板的行为准则，但在日常生活中，君子会遵照自身已经具备的君子品性为人处世，若被人奉为君子不会沾沾自喜，若被人污作伪君子也不会过分计较。

任何一个君子品性都是人类智慧的结晶，其价值决然不是用来博取眼下之名利的。所以，为了展露君子相而做出君子行为不仅是伪君子的做派，而且是反智慧的。如果非要论及君子的行为准则，那恐怕只有两个字可以概括之，那就是智慧。正如《论语·里仁》记载，子曰："君子之于天下也，无适也，无莫也，义之与比。"需要阐明的是，在本书中，我更倾向于把"义"作"智慧"解（具体见第三篇第二章《义以为质》）。

第七个问题：

不同的君子品性会相互冲突吗？

前面提到过，君子品性其实都是人类不断提炼出来的好的精神品质。但是好和坏本身是有相对性的。能够列入君子品性的精神品质其实是相较于人之动物性而言的，即超脱于人之动物性的精神品质都可列为君子品性。

然而，不同的君子品性也分层次，即使是同一层次的君子品性也会因适用的场合不同而有好与更好之分。举个例子，就争与不争而言，《论语·卫灵公》记载，子曰："君子矜而不争"；而《论语·八佾》又记载，子曰："君子无所争。必也射乎！揖让而升，下而饮。其争也君子。"前者是说君子在遇到分歧时虽然坚持己见但不会去争个高下，而后者是说君子有时候也可以去争个高下，但应强调有礼有节。显而易见，这两种君子品性的确有矛盾之处，但却都有其适用性，只不过需要分清场合才能灵活运用。如果运用不当，必然会很别扭。

传世经典有两个显著的特征，一是其本身非常简约，仅凭字面意思很难加以准确把握；二是后人累加的相关注释烦冗且相违之处甚多，常常令人无所适从。所以，在对君子品性的学习或效仿过程中，一定要切身体会才能慢慢领会其精髓，切忌急躁与拘泥。

如果站在发展的角度去看，任何既有文明或道理其本身都是狭隘的，更不可能具有普适性。而所谓的冲突，其实不过是对此理解得不够深罢了。

第八个问题：

从经典中学习君子品性时，必须要忠于原意吗？

首先我们要相信，经典中流传下来的君子品性都是经过了长

期的智慧检验的。但同时我们要搞清楚，这个经得起智慧检验的君子品性指的是它的精髓部分，而不是原意的表达。

还是拿上文中提到的记载来说，子曰："君子无所争。必也射乎！揖让而升，下而饮。其争也君子。"如果按这段话的原意来说，我们至少可以总结出这么几个意思：一是君子除了射艺以外就无所争了；二是在比赛射艺前必须相互谦让一番才行；三是比赛结束后，不论输赢，都要有礼貌地一起饮酒。事实上，尽管这几个意思确实是原意的表达，但毕竟不是这段经典语录的精髓之处。其实，该文之精髓之处在于：君子总体上是无所争的，但非得争的时候那一定是有礼有节、和和气气的。

有的人抓住旁枝末节不放去攻击诸如此类的经典，固然是一叶障目或是居心叵测，会让经典暂时失去应有的光彩。还有的人引经据典却拿不住精髓，则同样会因为犯下教条主义的错误而贻笑大方，最终仍是糟践了经典。

所以，从经典中去领略君子品性的时候，一定要参透其中的精髓，不要受制于其字面意思。另外，所谓的精髓其实也不是一成不变的，而是随着时代的进步以及主流价值观的演变而不断发展变化着的。

通过上述解答，我希望我们对君子以及如何做君子有了基本的共识。在接下来的篇幅里，我将就我之所能对中华经典中所记载的君子文化进行解读。然而众所周知的，中华文明浩如烟海又厚重深邃，本人才疏学浅，难免有不当之处，恳望得到批评斧正！

何为人性

　　不管是君子还是小人，本质上都是某种人性的代称，所以本书可以看作是对某种人性的阐述和探讨。关于人性，本书给出了两个特有的概念：人之动物性和人之社会性。其中人之动物性是人先天所具有的，包括智、情、欲这些；而人之社会性是个体在所处的社会文明中通过后天习得的，包括世界观、人生观、价值观这些。

　　物性通常指先天的属性，即某物体一旦形成就已经具备的属性，但人性是例外。

　　人性不仅仅是人之动物性。人性是人之动物性和人之社会性的总和，而且最终是由人之社会性决定的。而人之社会性是从无到有培养起来的，且不论其发展到什么程度依然是可变化、可发展的。所以，人性不是一成不变的。不过大部分人到了一定的年纪后其人性便相对固定下来，即所谓的"成熟"，但这在我看来并不是一件值得称道的事。

　　人之动物性是人得以为人的前提。准确地说，应该是人之动物性中"智"这一因素是人能够区别于动物的前提。但人之动物性并

不足以使一个人成为真正的人。一个真正的人，必须要具备一定的社会性。如果一个人刚出生便独自到大自然生活，即使能健康活下去，也不是真正的人，也无法成为真正的人，除非它能够重回人类社会。如果一群刚出生的人在大自然中自由生活，而且都能健康生存并且相互依存组成了社会，那么他们一样能成为真正的人，但他们的人性和我们人类最初的祖先相仿，与我们的人性相比较则有天壤之别——因为二者所处的社会文明有天壤之别。

所以，人之社会性才是人性的根本，而这个根本主要是取决于个体所处的社会文明程度，当然也与个体的努力密不可分。也就是说，不仅不同的人有不同的人性，即使一个人在不同年龄段其人性也是不同的。不过我们可以把人性进行归类，大致可以分成利他的和利己的，开放的和自闭的，积极的和消极的，亲社会的和反社会的这几个类型。

一个人融入社会的过程正是其获得人之社会性的过程，而一个人对社会的认识程度就代表了其人之社会性的程度。具体而言，人之社会性是一个人在汲取社会文明的基础上，通过对社会、对世界、对人生不断地产生自我认知而形成的。当这种自我认知相对固定后，其人之社会性也就固化了。然而不得不指出的是，只要在生命周期内，任何一个人在人性方面实际上都是具有持续成长性的，也就是说他的自我认知或人之社会性其实是能够持续成长的，从而能够不断发展其人性。但鲜有人能认识到这一点，更毋庸说做到。

简而言之，母体孕育人之动物性，人类文明孕育人之社会性。一个人一旦出生，其人之动物性就确定了，但只要他与人类文明进行互动，那么其人之社会性就仍然处于变化中。

目录

第一篇

君子之相

　　先有君子，然后有君子相。然而，古往今来，很多人把君子相当作衡量君子的一个重要标准，这是荒谬的。在这个荒谬的标准下，大量的伪君子便应运而生。那些真正的君子，为了区别于伪君子，往往要收敛自己本来自然而然的君子相，或者冷酷，或者诙谐，总之不愿意因为与伪君子雷同而摆出另一幅姿态来。而还有更多的希望成为君子的人，在这个标准下，往往把自己扭曲得无所适从。

|第一章|
君子坦荡荡

【原文】

　　君子坦荡荡，小人长戚戚。

——《论语·述而》

【释文】

　　君子光明磊落、胸怀坦荡；

　　小人斤斤计较、患得患失。

　　绝大多数关于君子的经典语录都是君子会如何做或者君子该如何做，而"君子坦荡荡"则仅仅是描述君子自然而然流露出来的状态。正如《晏子春秋》所言："君子独立不惭于影，独寝不惭于魂。"应该说，坦荡荡是理想中的君子在理想社会之下的正常表现，而并不是对君子本身的要求。

　　现实中，有一些希望成为君子的人喜欢用坦荡荡来要求自己，这是舍本逐末的行为，是违背君子之道的。因为一个人并不是因为做到坦荡荡之后才成为君子的，而是因为他达到了君子的标准

才能做到坦荡荡。所以我们不要刻意去坦荡荡，而是要留意自己哪些情况下做得不够坦荡，从而找到自己在做君子方面的差距。

世上没有理想的君子。所谓的君子不过是在某些方面做得比较君子而已，因此他们在那些方面可以做到相对的坦荡荡。每个人都有自己的局限性，没有一个人能够在任何方面都可做到坦荡荡，不仅如此，还必定有许多戚戚之处。

所以，从自身修为的角度来说，我们要真实地面对自己，要从自己戚戚之处认识到自己存在的不足，而不是反过来，用刻意的坦荡去掩盖自身的缺陷。从观察者的角度来看，在他人坦荡之时我们要善于辨析，对那些因为具有君子品性而自然流露的坦荡要懂得欣赏；在他人戚戚之时也不要一味地加以贬斥，而是要看他是否有自责和改正的意愿。

一个走在通往君子之路上的人，既要真实地面对坦荡，又要勇敢地面对戚戚，把坦荡和戚戚当作是两面镜子，坦荡时宜更加勉励，戚戚时应加倍反省。

再啰嗦一句，坦荡荡虽然是君子相，但绝不是君子希望用来展现什么的，更不是判定君子与否的标准。没有哪一个社会能够理想到让一个君子放下任何顾虑去坦荡荡。所以，该顾虑时就顾虑吧，不要因为在意一副君子相而犯傻。

|第二章|
文质彬彬　然后君子

【原文】

质胜文则野，文胜质则史。

文质彬彬，然后君子。

——《论语·雍也》

【释文】

过于强调内心的想法是粗野的，过于强调外在的修养是浮夸的。

内心的想法和外在的修养都充分顾及后，才有资格做一个君子。

想怎么做就怎么做是人之动物性的体现。但我们要明白，人之动物性虽然与君子无关，但也不是一个贬义词，而是从某种角度对人性的客观认识。同样地，表里如一也并不总是值得夸耀的。有些场合，一个人放松下来以自己喜欢的方式做想做的事是无可厚非的，但有的场合这样做就是放纵、粗野的。

行为要辅以修养是人之社会性的要求。一个人要融入社会，就不能只强调自己的想法，还要顾及周围乃至整个社会的需要。可以说，以外在的要求来要求自己其实就是一个人的修养。但外在的要求归根结底不是本质上的要求，我们的行为终究还是要遵从自己的内心的。如果一个人过于强调修养，把行为处事的根基立足于外在要求，便必然耽于形式或流于浮夸。

动物性是人的生理基础，社会性是人的精神基础，社会性是建立在动物性的基础上，并且是要超越动物性的。所以，君子之道不是企图抛弃人的动物性，而是要充分认识到动物性的狭隘面，并培养相应的君子品性以矫正之。

所谓文质彬彬便是内外兼顾，既要顾及内心的需求，也要顾及外在的要求。有的人以为洒脱就是不管不顾，其实真正的洒脱必定是在谨慎地区分场合的前提下才能做到的。那些不分场合的洒脱不可能是真正的洒脱，那是真傻。而区分场合的本质正是把握外在要求，这也是一个人在培育个人修养过程中必须锻炼出来的能力。

文质彬彬自然是一种君子相，但文质彬彬并不是君子的标志。做君子，修养固然重要，但本质上还是要看其内心真实的想法。只有当一个人内心的想法符合君子品性，并且在实现这种想法的时候辅之以修养，这样的行为才是君子应有的。正如欧阳修在其《左氏辨》中云："君子之修身也，内正其心，外正其容。"

|第三章|
讷于言而敏于行

【原文】

君子欲讷于言而敏于行。

——《论语·里仁》

【释文】

君子希望在行动前表达要审慎，
但在行动的时候要积极而敏捷。

该语境下的"言"是针对某种"行"而言的，不是指一切言论。也就是说，君子在表达自己关于某项行动的言论时要多想一些，要谨慎些。而绝不是鼓励君子不管说什么话都要瞻前顾后、吞吞吐吐。

而该语境下的"行"也并非指任何行动，而是特指具有正当目的之行动。因此，那些被欲望牵着鼻子走的行为，那些奔着功名利禄去的行为，再积极敏捷也不是君子所为。

普通人在面对某项行动时，多少会因为该行动的特点产生一些想法，可能是不屑一顾，也可能是战战兢兢；可能是气吞山河，也可能是畏首畏尾；可能是急于求成，也可能是小心翼翼……这些想法都会从他的言论中反映出来。

君子在面对某项行动时，尽量会把注意力集中在行动本身上，比如行动目的、行动计划，等等。而不应被行动之外的因素所干扰，比如成败得失带来的影响。然而，君子深知一项行动越是重要，那么他自己对外界的影响以及外界对他的影响都会更加强烈，而这两种影响不总是正面的，很多时候会变成干扰。因此，君子在表达时为了规避这两种影响的负面作用，一定会提醒自己小心说话。但一旦开始行动，那必定直奔目的，争取一气呵成。

有的人理解错了，把不善表达当作是"讷于言"，这既误会了前人的智慧，又限制了自己在语言表达方面可以提升的空间。

显然，君子也有把酒言欢、畅所欲言、知无不言、言无不尽的时候，而讷于言而敏于行只不过是特定情况下的一种君子相罢了。

|第四章|
动容貌　正颜色　出辞气

【原文】

君子所贵乎道者三：

动容貌，斯远暴慢矣；

正颜色，斯近信矣；

出辞气，斯远鄙倍矣。

——《论语·泰伯》

【释文】

君子注重这样三个道理：

通过调动情感可以抑制粗暴；

通过端正表情可以赢得信任；

通过调整语气可以避免无礼。

　　君子之道简而言之就是为人处世的智慧，因此做君子的过程必定是发展自己认知的过程。一个人如果明白的道理越来越多，并且总是将这些道理用在正道上，那么他就越来越接近于君子。

利用情绪去影响别人就是其中一个道理，但能掌握这个道理的并不都是君子。事实上，小人（以下将伪君子也放在小人之列）也明白很多道理，但因为他们无法真正领略正道的价值，所以往往不把道理用在正道上。因此，君子和小人最大的区别不在于明白多少道理，而在于能不能辨别正道和歪道。

有的人厌恶小人，当他看到小人善于利用情绪去影响他人，比如装腔作势对那些持有不同意见的人做出威吓，摆出一本正经的样子骗取他人信任，巧言令色文过饰非，等等，便转而将他对小人的厌恶之情归罪到利用情绪这个举动上面，以为利用情绪去影响他人的都是小人之举，殊不知这是犯了恶其余胥的错误，是一种偏见。时下常提到"情商"这个词，按照情商的标准，小人往往看起来情商高，而颇有君子所为的人却常常被诟病为缺少情商，与此偏见有莫大关系。

其实，生活中的确有一些真心向往君子品性的人常常不苟言笑，习惯以刻板冷酷的面目示人，起初就是为了把自己和小人彻底划分开来，而时间长了那种生硬的表情就固化了。这些人并不是真正的低情商，因为他们不是没有能力利用情绪，而只是不愿意罢了。不过话说回来，这样做是不可取的，这显然又是一个为了所谓的君子相而违背了君子之道的例子。

因为看到小人善于利用情绪便不屑于利用情绪是一种非常狭隘的思想，就像坏人拿刀干坏事时，难道站在一旁的君子就不能拿起刀予以回击了吗？心向君子的人真的应该好好考虑如何用情绪正面影响他人，当然也包括影响自己。

|第五章|
君子泰而不骄

【原文】

君子泰而不骄，

小人骄而不泰。

——《论语·子路》

【释文】

君子持泰然之傲骨但不骄横，

小人满骄横之气而蠢蠢欲动。

君子是智慧的化身，虽未必拥有世人所希冀之物，但就胸怀和见识而言必定是人中之翘楚。正如孟郊在其《投赠张端公》一诗中所言："君子量不极，胸吞百川流。"而小人却是狭隘的化身，虽时不时可能冒出些惊世骇俗的奇思妙想，但他们所希冀的仅仅是与自己相关的那点名、利、欲。

君子纵无权势之依托一样能够站得高、看得远，因此对其而言居高临下本是一种常态。但君子懂得自己所拥有的不俗之思想

境界并不是用来藐视世俗的，而是用于造福社会的。虽然一个君子能够为社会造福的范围取决于其思想境界的层次，但必定已经摆脱了为个人谋私利的那种狭隘。故君子绝非无欲无求之人，只是其欲其求与世俗有大不同罢了。

小人终日蝇营狗苟，故目光短浅、胸无大义，忽而唯唯诺诺，忽而飞扬跋扈，可谓喜怒无常。

君子有得势日、失势时，小人亦有得势时、失势日。

君子得势，谋划的是百姓之福祉，心怀大志必无所骄，虽居众星捧月之位亦泰然处之。

小人得势，盘算的始终是自家那片田地，眼见丰收在望便心满意足而手舞足蹈。

君子失势，倘尚有清风明月相伴，便不丢天下之志，韬光养晦、傲骨犹存。

小人失势，如黄河决堤一泻千里，怨声载道、一蹶不振。

可见，泰而不骄乃君子之常相，骄而不泰则是小人得志之丑态。

|第六章|
君子矜而不争

【原文】

　　君子矜而不争，

　　群而不党。

——《论语·卫灵公》

【释文】

　　君子自信但不愿与人争高下，

　　与人和睦相处却不相互勾结。

　　在君子的价值观里，个人名誉和私利虽然并非一无是处，但其价值一定排在了不太显眼的位置上。所谓淡泊名利，应是此意。那种把个人名誉和私利看得一无是处，甚至看作是玷污自己的污秽之物，实在是过分了。所谓"过犹不及"，正是因为有那么一些高高在上好似不食人间烟火的人在大放厥词，才导致许多人宁愿反其道行之，而过分看重名利。

　　君子是自省进取之人，省的是心中之狭隘，取的是天下之道

义，故君子有自信面对任何人。且君子常有高见，若遇旁人不依或不恋，也不多计较，更不愿去争个高下。这不是一种克制，而是价值观使然。即"论至德者不和于俗"。

君子深知自己不是一人之人，乃社会之人，故君子重视社会和谐，对相处之道烂熟于胸。而社会上总有拉帮结派之人，他们惯常为一己私利勾结从事，为各取所需不惜狼狈为奸。然君子不耻与之为伍。非无欲无求也，只因贪小利而损大义绝非君子所为。

时下的人们在追求方面所拥有的自由度是前人无法想象的，但价值观的高度似乎不升反降，对个人价值的关注远在社会价值之上不说，追求个人价值最大化已经成了当然之举。在这种背景下，抢占社会话语权以提高个人声望成为一种正当的追求，加入利益团体谋取私利也变得司空见惯。这些现象是令人担忧的。

当今社会，个人价值是正当的，是值得鼓励的，但一定不是第一位的。对君子而言尤其如此。因为君子必须是站在人之社会性的高度上去思考问题的。想明白这一点，我们就看清楚了，"矜而不争，群而不党"不仅是孔子时代的君子相，更应是当代之君子相。

《论语·子路》曰："君子和而不同，小人同而不和。"

《论语·为政》曰："君子周而不比，小人比而不周。"

以上两段对君子相的描述与君子"群而不党"意义相仿，其背后都是在揭示君子价值观的立足点是出于公心的，即站在人之社会性的角度去考量的。

|第七章|
君子有三变

【原文】

　　君子有三变：望之俨然，

　　即之也温，听其言也厉。

——《论语·子张》

【释文】

　　君子给人有三种不同的感觉：乍看上去很威严，

　　一接触却发现亲和理性，可再说话又义正辞严。

　　一个人会因为所处场景的不同而转换表情，比如喜庆有喜庆的样子，庄严有庄严的样子，可能有的人表情转换得夸张些，而有的人则收敛些。应该说，大部分人的大部分表情变化都是容易被外界理解的，因为这是一个人在社会化的过程中自然而然形成的，在类似环境下成长起来的人在这方面当然是具有共性的。但有两类人不一样，一为君子，二为小人。

　　品小人本不是此书的重点，但因为小人的很多品性与君子截

然相反，所以有时候说说小人或许能够让我们更好地读懂君子。那就先看看小人的表情特征吧。

所谓小人是那种经过社会的教化后依然以自我为中心的人。他们中有两类，一类是因为完全不理解人之社会性的意义而无法真正社会化的人，还有一类是懂得利用他人之社会性去谋取自身利益的人。第一类小人是众所周知的小人，其一颦一笑无不体现了人之动物性的原貌，无非就是得到了开心，得不到恼怒，失去了悲伤。这一类人因为不懂得大我和得失的重要性，眼里只有自己那一亩三分地，所以他们的表情只会由他们的心情决定，而不考虑应该如何适应外界环境。而第二类小人就不简单了。他们是知书达理之人，明黑白是非，懂公序良俗，但他们和第一类人一样，只有他们自己的利益是至高无上的。所以这类小人在论及他人是非时往往言之凿凿，头头是道，但一牵涉到自身利益便原形毕露。当道理对其有利时他们可以把道理讲得天花乱坠，当道理对其不利时他们故意歪曲道理或者干脆置若罔闻。所以这一类人往往平时能与周围人相处得不错，可一旦关涉个人利益其行为便令人错愕。

如果把小人相归结于反复无常、不可理喻，那么君子相便是不落俗套、高深莫测。

君子的大我意识决定了其价值取向与常人是大有不同的，而其超常的价值判断能力（即智慧）必然不是一般人容易理解的。因此，君子内在的大局观令其自然而然地流露出四平八稳、波澜不惊的气质，并非故作高深，实乃相由心生。与人相处时，其君子品性中高超的社会性便得以发挥，欲和谐则轻松诙谐，欲欢乐则谈笑风生，欲喻理则深入浅出。但人群中总有不懂事或不识相者，说一些荒诞不经甚至大逆不道的话，此时君子自然不能坐视不理，站出来义正辞严反驳几句或是讲明道理，这不正是君子之风吗？

　　故君子有三变，非善变也。

第二篇

君子之用

　　君子不是花瓶！君子是人之社会性的典范，秉持大我意识，注重大我之利，为百姓苍生谋福，为江山社稷操心。

|第一章|
君子之德风

【原文】

　　君子之德风，

　　小人之德草，

　　草上之风必偃。

——《论语·颜渊》

【释文】

　　君子从人之社会性出发思考问题，其德行如风；

　　小人难以摆脱人之动物性的束缚，其德行如草；

　　四野丛生之杂草必定会倒向大风吹过的方向。

　　依道而行谓之德。

　　然而道有大小、正邪之分。君子志在大道、正道，小人因价值观所限，往往更青睐于小道，甚至邪道。正如《论语·子张》中子夏所言："虽小道必有可观者焉，致远恐泥，是以君子不为也。"

　　原文中的小人并非专指品德低下的人，而是泛指芸芸众生；

所谓君子也并不特指品德高尚的人，而是那些手握公权力的当政者。古时候，君子要持续而充分地发挥其社会作用，不掌握一定的社会权力是办不到的。但社会权力本身就有社会作用，只要是掌握它的人都可以利用。不过理想社会下的公权力应该由君子来掌握，因为君子之德是积极的、稳定的、持久的，能够更好地带领社会蒸蒸日上。

时下之民主、自由与发达，使得一个人有多种途径去发挥社会作用，不必非得掌握公权力才行。这无疑让那些已经具备君子品性的人们有了充分发挥其社会作用的多种可能性。我们应当鼓励他们发挥正能量，将君子品性的价值充分展示出来，从而能够激励更多的人认识到君子的价值。

|第二章|

何陋之有

【原文】

　　君子居之，何陋之有？

——《论语·子罕》

【释文】

　　君子的居所难道还有什么简陋之谓吗？

　　正如刘禹锡在《陋室铭》中所言："斯是陋室，惟吾德馨。"

　　其实以形式论美丑固然是一种审美方式，但在以精神品质为核心的审美情境下，形式之美丑便显得无足轻重。

　　任何价值判断的背后都有某种价值观在左右着。君子的价值判断往往与常人不同，正是源自其清晰而且独特的价值观。不清晰难以自持，非独特无以不同。

　　那么君子通常秉持什么样的价值观呢？抑或君子的价值观是怎么形成的呢？

　　人是动物性和社会性的综合体。人在出生的那一刻可以看作是纯动物性的,但也就从那一刻起,人的社会性便与日俱增。然而,有的人终其一生都被其动物性中狭隘的一面所束缚,无法摆脱自私、贪婪、怠惰、物欲、迁怒……

但有的人能够在社会性力量的牵引下渐渐认识到自身动物性的狭隘,并在社会生活中注意培养各种君子品性,使自己变得大方、节制、努力、淡泊、内省……长此以往便有了君子的气度。

可见,君子和小人本无不同,只是君子始终在挣脱狭隘,但小人却自甘狭隘。而那些普通人呢,其实正是介于君子和小人之间,既没有充分认识到自身的狭隘,也尚未完全被狭隘牵着鼻子走。不过,普通人随时随地都会变成小人,同样反过来讲,普通人(包括小人)只要想变成君子,什么时候都不算晚。

让我们来总结一下君子的价值观。君子是站在摒弃狭隘以及发扬人类社会性的角度去思考问题的,因此他们的价值观是发展的、利他的、自为的、积极的。

因此,在懂得欣赏君子品性的人眼里,君子犹如人中明珠、火炬,华贵遇之尚且黯淡,陋室之居岂不蓬荜生辉?

| 第三章 |

临大节而不可夺

【原文】

可以托六尺之孤，

可以寄百里之命，

临大节而不可夺也。

君子人与？君子人也。

——《论语·泰伯》

【释文】

一个能把身家性命都托付给他的人，

一个在生死关头也要坚持大义的人，

是君子吗？当然是君子。

如《论语·卫灵公》中所言："君子贞而不谅。"固守小节之人未必是君子，要紧关头才是真正考验和鉴别君子的时候。托孤寄命，唯君子可堪此重任！

对社会而言，诚信是团结力量以发挥社会功用的前提。对个人而言，其诚信度决定了他能够利用社会资源的程度。所以，诚信是社会的基础，也是一个人立足于社会的根本。一个不重视诚信的社会就如大厦将倾，摇摇欲坠；一个视诚信为儿戏的人则像无根之野草，众叛亲离。

做君子，当然首先要懂得诚信的道理，所以君子必讲诚信。但诚信度高者却未必都是君子。

君子明白，每一次守信的行为都能换来更大的诚信。但君子更明白，诚信度固然重要，但更重要的是行为本身的价值。《论语·子张》言："君子信而后劳其民，未信，则以为厉己也；信而后谏，未信，则以为谤己也。"所以，君子知道一个人的诚信度是其做人处事的前提。

但有的人则不然，他们把诚信度看得极重，却忽略了行为的宗旨——义！更有甚者，刻意拔高自己的诚信度然后行不义之事。故此，《论语·子路》中有言道："言必信，行必果，硁硁然小人哉！"后《孟子》书中补充道："大人者，言不必信，行不必果，惟义所在。"事实也是如此，那些平常动不动就言之凿凿、义无反顾的人到了关键时刻反而靠不住。

由此我们可以理解，君子把提高诚信度看作是行君子道的必然结果，而非行为本身的宗旨，故绝不行投机取巧、沽名钓誉之事以博取诚信度。

因此，君子在受人之托时首先考虑的是该不该做和能不能做。对于不该做或做不到之事，君子自然不会接受。对于该做又能做的，君子接受后必然尽心竭力去做。至于是否要拿性命去担保，一般情况下不必。但如果真遇上比自己性命还重要的使命，那君子当然舍生取义。此非君子，何为君子？

|第四章|

君子不器

【原文】

君子不器。

——《论语·为政》

【释文】

君子不会满足于或停留在任何一个层面上。

君子的最高任务是悟道，亦可谓寻找智慧，亦可谓追求真理。而道是无止境的，是悟不完的，所以在君子的任务里只有进行时，没有完成时。

如果把观念看作是人类意识体系对道的认识，那么各种各样纷繁复杂、层次不同的观念就是人类悟道这一行为的产物。几千年来的人类祖先曾经产生过无数的观念，而留下来的那部分观念就成了人类文明中最主要的部分。现今的人们一样在不停地制造观念，其中有一部分观念必定也会被人类文明所吸纳，并成为后世人们的精神宝藏。

我们还可以换个角度去认识观念。人类最初是通过实物去认识道的，所以人类文明中最基本的观念就是对实物的直观认识。渐渐地，人类开始挣脱实物的束缚去制造观念，于是产生了以既有观念为基础的观念。因此，我们可以把实物看作是有形之形，把观念看作是无形之形。这样我们就可以更好地理解下面这段话的意思。

《易经·系辞》："形而上者谓之道，形而下者谓之器。"我们把很直观的圆比作"形"，当我们去探寻圆的本质时，我们是在寻道体；当我们把圆形看作轮胎时，我们是在求器用。继续下去！如果我们把圆周率 π 比作"形"，当我们去探寻求 π 的方法时，我们是在寻道体；当我们在用 π 求圆形的周长、面积时，我们也是在求器用。还不够，继续！我们把魏晋数学家刘徽的割圆法比作"形"，当我们去探寻极限思想时，我们是在寻道体；当我们用此来拓展 π 的精度时，我们还是在求器用。没完，再继续！我们再把探寻极限思想的飞矢不动悖论比作"形"，当我们用此来探寻方法论、世界观时，我们是在寻道体；当我们将悖论用于诡辩时，我们是在求器用……

所谓君子不器，就是告诫那些有君子之志的人不要停下悟道的脚步，努力不要让自己的见识受到束缚。事实也是如此，不管我们正在从事什么工作，其中都有不同层次的道理等着我们去领悟，永远不要被某个层面的"胜任"所满足。

而那些对人才负有培养或任用责任的人，更要记住"君子不器"这个祖训，要给君子之才留下自由发挥的空间。

第三篇

修身之德

篇前语

　　君子之所以是君子，是因为君子有符合君子标准的德与行。本篇就是关注哪一些是君子应该具备之"德"。

|第一章|

君子务本

【原文】

君子务本，

本立而道生。

——《论语·学而》

【释文】

君子要及时发现并克服自身存在的缺陷，

稳住脚跟后发展之路自然就呈现出来了。

本，即根本或基础。

万物皆有其存在和发展之本，但人之本与万物有大不同。就生命的根本而言，人的动物性因为演化出了意识，已与动物有了根本上的区别，更勿谈与其他生命体相比较了。再加上人还有人之社会性这一根本，所以人之本不是固定的、孤立的，而是动态的、联系的、可发展的。

以动态性而言，人的基本需求（包括物质的、生理的）虽然永远是构成人本的一部分，但人的基本需求会随着社会环境的不同而发生变化，当今社会下人们的基本需求别说与茹毛饮血的时代相比较，即使是和三十年前相比也有显著差别。

以联系性而言，人之社会性是人本的主要部分，是人得以为人的根本。所以"人本"绝非孤立存在，而是与家国乃至世界融为一体的。

以可发展性而言，人是具备自主进化能力的，不像其他生物的进化过程漫长而被动。任何人的一生，其潜力都不可限量。所以人本之变化不仅仅取决于外部环境的变化，更取决于其自身的修为。修为越高，人本越丰实。

所谓君子务本，具体而言要做到这三点：

一、既不忽视自己的基本需求，也不过分追求物欲及物质财富。努力满足基本需求是务本的行为，而无限拔高个人需求的标准，过分追求物质财富则为舍本逐末之举。

二、把人之社会性的需求放在价值观的顶端，要培养家国情怀，树立大我意识。孔子提出的仁、义、礼、信、孝、悌等主张，皆出于此。

三、学和习永远在路上。把对道的探索和实践作为毕生追求的根本，并努力使之发生质的变化。

一个人只要做到了这三点，那么任何时候对前路都不会感到迷惘。正所谓：

"君子务本，本立而道生。"

|第二章|
义以为质

【原文】

　　君子义以为质，

　　礼以行之，

　　孙以出之，

　　信以成之。

——《论语·卫灵公》

【释文】

　　君子以智慧作为行动的依据，

　　遵从法律和道德的约束，

　　谦让恭顺而不大张旗鼓，

　　依靠诚实守信求取成功。

　　义，即道义或正义。义或不义，其本质是一种价值判断的产物，但这种价值判断是站在大我意识的基础上产生的，是人类在其文明进程中代代相承之下共同完成的，不是某一个人或某一时刻的判断。所以义是大智慧，不是哪个人生来就能理解，就能遵行的。

要以义为质，首先要理解"义"，并认同义的价值判断。中华文明这个大宝库给我们留下了太多的义，要逐一理解并遵行是任何一个人在其漫漫人生路上的一大快事。不过有的人是被动的，明白得慢一些、浅薄一些；有的人是主动的，明白得快一些、深邃一些。而君子当然要做主动者。

价值判断是建立在价值观基础上的，所以要理解义，必先使自己的价值观站得高一些，再高一些。可以说，一个人的价值观的高度决定了他对义的理解程度。一个以自我为中心的人是完全无法理解义所蕴含的智慧的，而一个人如果将大我意识扩展到整个人类、整个生命体乃至整个世界，那么他不仅对义能够有充分的理解，并且还有可能将之进一步发扬光大。

当然，价值观能够让我们看清楚某个行为中蕴含的利与弊，但并不能直接对此产生价值判断。价值判断除了价值观这个基础外，还要根据具体情况进行分析，而分析的核心就在于权衡利弊。任何行为都有利有弊，不能仅因为看到有利处便鼓吹之，也不能仅因为看到了弊端便棒喝之。利大于弊者为可行之举，反之则不可行。而所谓的义，正是站在大我意识的角度去看，大概率符合利大于弊的那些行为。

尽管义是智慧的产物，但世上没有哪一条义可以被绝对奉行，而将义绝对化本身是反智的。因此我们完全可以用另一种角度去看待义，不把义看作是固定的准则，而把义直接看作智慧或许更加符合义的本意。正如《论语·里仁》曰："君子之于天下也，无适也，无莫也，义之与比。"

明白了义的本质后，我们就比较容易理解"礼以行之，孙以出之，信以成之"的内涵了。

礼，即社会约束，主要包括道德和法律。作动词用，就是尊重道德和法律的约束。礼的根本功用是维护社会关系，保持社会稳定。尽管礼在不停地淘汰和演进，而且很多礼在传承的过程中夹杂了太多的糟粕，是多余的，甚至是有害的，但守礼的意识却是任何社会都需要的。

孙，通"逊"，即待人接物谦让恭顺，不桀骜，不张扬。一个人能力再高，如果把自己凌驾于社会之上而脱离群众，那他是不可能办成事的。这本不是高深的道理。事实上，就连那些心术不正的人都明白，只有表现出谦逊的样子才能把事做得顺畅。然而，很多有君子之志的人反而做不到这一点。与其说做不到，倒不如说是不愿意吧。因为他们没有认识到谦逊的真正价值，仅仅是因为看到某些虚伪的谦逊便把谦逊当作了虚伪而不屑为之。事实上，谦逊的本质是对社会力量的敬畏，从而更好地把个人力量融入社会力量中去。假装谦逊的人固然不值得赞赏，但否定谦逊的人一定会受到社会力量的惩罚，如此不智之举实非君子所为。

信，即诚实守信，一个人的诚信度决定了他可以利用多少社会力量。在前面《临大节而不可夺》一章中对诚信已有详细阐述，便不赘述。

简而言之，"礼"是尊重社会规则，"孙"是敬畏社会力量，"信"则是利用社会力量，三者都是从人之社会性的角度提出的对一个人的修养的要求，都在"义"的范围内，有君子之志者自当理解之，践行之。

|第三章|
君子求诸己

【原文】

君子求诸己，

小人求诸人。

——《论语·卫灵公》

【释文】

君子内省，遇到问题反思自己原因；

小人辞咎，碰到困难遍寻他人不是。

　　内省，即为找寻自身狭隘之处而直面内心的行为。正如《论语·学而》中曾子曰："吾日三省吾身，为人谋而不忠乎？与朋友交而不信乎？传不习乎？"此三问今日读之可看作例举，概括而言便是反省内心之狭隘。

　　人之所以为人的根本在于人的意识。而人的意识又分为两个方面，一是个体之意识，即人之动物性包含的意识本能，是与生俱来的；二是社会之意识，即人类文明，是人类意识代代累积，

代代传承的成果。个体意识只能在社会意识的引导下才能发展出个体文明，也即成为真正意义上的人。一个生来就与社会完全隔绝的人，哪怕他能健康存活，也成不了真正的人。

所以人性，或人心本是狭隘的，然而个体意识赋予其开拓的种子，而社会意识则使之有了开拓的土壤和养分。一个人的思想能够发展成什么样子既取决于他所处的人类文明，也取决于其后天的努力。至于孟轲以及宋儒推崇的良知、本心之类，实在是不知所谓。

君子之路，简言之便是破除内心狭隘之路。故有君子之志者，必先正视内心之狭隘，培养破除狭隘的决心和勇气。顺境下，人们往往志得意满而放松对自己的要求，而君子应保持平常心，告诫自己勿忘自省；逆境下，当身边人怨声载道时，君子更应抓住机会从自身寻找原因。总之，有君子之志者当牢记：无事不忘自省，有事反求诸己。

世上的确有那么一些人，不如意或失败时，便想方设法到外头去找原因，甚至把责任都推给其他人。很遗憾，他们以为自己推掉的是责任，实际上他们推掉的是开拓自身的机会。而那些背锅的人其实也不必太在意，更不要想着往别处甩锅，因为大部分锅都没有什么可怕的，索性扛下来权作锻炼也未尝不可。

|第四章|
君子病无能

【原文】

君子病无能焉，

不病人之不己知也。

——《论语·卫灵公》

【释文】

君子担心自己没有能力去应对；

不担心别人不知道自己的才能。

人固然做不到无所不能，但一个人究竟能做到多少却又是无法限量的。也许每个人的一生都曾经有过雄心壮志，但有多少人能够穷极一生为拓展自身能力而努力？

无可否认现下努力的人很多，但除了学生外，大部分人都在努力赚钱，而且他们努力的方向仅仅是争取多发挥自身现有的能力罢了，比如多花时间，多花力气，等等。而学生们呢，不管是被动学习者还是主动学习者，他们努力提高能力的目的依然是为

了将来能够多赚钱，所以从他们中脱颖而出的也不过就是上面那一批人的接班人而已。可以说，用钱来衡量努力，或者说用钱来衡量成功是这个时代最大的局限性。

人当然要具备自我生存的能力，但当一个人已经完全具备了满足基本需求的物质保障能力后，还一味地为钱纠结，这就绝不是君子所为。显然君子不会把钱看得那么重，更不会把赚钱看作是一个人最重要的能力。那些以为有钱就能解决问题，有多少钱就能解决多少问题的人也许永远走不出一个死胡同，就是那些他们想用钱去解决的问题之所以会冒出来，正是因为他们把精力过多地放在了钱上。舍本逐末，然后反过来妄图用苦心求来的"末"去弥补悄然缺失的"本"，这难道是智慧的吗？

所谓君子病无能，其中之无能自然包括了不能自给自足，但除此之外，还包括应对任何困难或挑战时能力的不足，有眼前的，也有将来的，有自己的，也有家国的。作为一个胸怀社会的人，君子当然是一个愿意并且敢于挑重担的人，而这又是和能力决然分不开的。所以，君子不仅要心系社会，更要关心自己能不能在关键的时候为社会做出贡献。

时下很多人的确不太关注自己是否已经为将来、为社会做好了充分的准备，他们仅仅关心自己现有的那点能力是否能够引起社会重视，因为他们急于将能力转化成名誉或财富。不得不说，在今天市场经济的大环境下，人们普遍抱有这样的想法也是正常的。但作为有君子之志的人务必谨记《老子》教诲："天之道，损有余而补不足；人之道，损不足以奉有余"，从而进一步明白君子务本才是天道，才是正道。

　　君子重视能力，把自身的能力看作是应对危机的必要储备，而不是把能力看作是炫耀和变现的资本。君子有此见识，那做到"人不知而不愠"便是自然而然之事了。

|第五章|

君子固穷

【原文】

君子固穷，

小人穷斯滥矣。

——《论语·卫灵公》

【释文】

君子困窘之下依然保持志向和操守，

小人一旦落魄便魂不守舍肆意妄为。

所谓"君子固穷"，其中"穷"字应当作"穷途"解，也就是陷入困境。正如《孔子家语》所云："君子修道立德，不谓穷困而改节。"

不管是社会动荡、自然灾害以及其他什么原因，都有可能让人失去曾经拥有的物质基础或精神基础，从而让人陷入困境。君子自然也有遭遇不测的时候。

顺境之下谈理想和操守往往是容易的，但有多少人能够真正把理想和操守看作是做人的根本？这不是靠意气风发时候的激情和口才能够证明的，而是要看这个人身处困境的时候会怎么想，会怎么做。有时候，我们也会被自己的夸夸其谈所迷惑，以为自己真的是一个豪杰，是一个君子。但实际上我们只要扪心自问：当我们所依赖的那些生存基础被毁于一旦时，我们还能保持那份乐观吗？我想大多数人如果设身处地去想这个问题时心里应该感到发颤了吧。

是的，君子固穷是一个有君子之志者毕生应当去追求的修养，因为其本质正是把君子的志向放在了价值观的顶端去维护，而这绝不是一个人说到便能做到的。

但古往今来的一些人过度解读了"君子固穷"的内涵，把其中意境看得过于理想而绝对，以为君子为了保持君子的样子在任何时候都不能受一点委屈，这是不对的。有时候为了活下去，哪怕是为了少受点苦，低低头又何妨？受些辱又何妨？情急之下，只要不去伤天害理，如何做些变通渡过难关才是君子该思考的事情。大义面前君子固然不会吝惜自己的生命，但那些动不动就鼓动人放弃生命以维护所谓尊严的人，不是傻子就是疯子，绝不会是君子。

当然还有一些人一旦不得志，或者失去了往日的风采后便毫无底线可言，有的悲观失志破罐子破摔，有的怨天尤人践踏道德和法律，有的孤注一掷不择手段，这些人必定被社会唾弃。故将此类人谓之"小人"并不为过。

君子固穷，是顺境时不断敲打内心的警钟，而不是意兴阑珊时挂在嘴上的那一抹潇洒；是逆境时鞭笞自己保持乐观志向的座右铭，是心力交瘁后仍不舍弃的那份洒脱。

| 第六章 |

好学也已

【原文】

君子食无求饱，居无求安，

敏于事而慎于言，就有道而正焉。

可谓好学也已。

——《论语·学而》

【释文】

君子要做到寡欲，多实践、勿妄谈，

常向有见解的人讨教，这才是好学。

　　在孔子那个动荡的年代，缺衣少食、居无定所，连吃得饱、住得舒坦都成了一般人梦寐以求的事。那是一个基本需求标准极低的年代，孔子希望学生不要把过多的精力放在吃和住这样的欲望上是可以理解的。但到了今天这个富足的社会，温饱和安居已经成了普遍之需求，人们不会为此耽误多少精力。因此我们不要拘泥于"食无求饱，居无求安"的字面意思，而是要领会其精神实质。现今会使我们的注意力涣散的主要不在吃穿住行这些需求上面，而是过度娱乐。像棋牌、手游这些，一旦沉迷其中不能自拔，那么曾经再好学的一个人也必将被彻底耽误。

当我们摆脱了欲望的纠缠后，我们就能腾出精力来做那些有意义的事了。其实有意义的事很多，比如发挥专业技能、努力学习、锻炼身体、操持家务、参加公益活动等都是，总之不管是手头上的还是长远的，只要做起来能够让人对未来由衷感到乐观的那些事，都是有意义的。同时，由于我们在做那些有意义的事时很容易产生某些成就感，甚至对自己平添许多不切实际的期望，然后不免会有沾沾自喜不吐不快的冲动，这又是我们应当小心克制的。一个人要持续恒久地在实践活动中改变自己，就不要满足于任何成就，而是把每一次进步都看作是万里长征中微不足道的一小步。那些稍有成就便按捺不住内心激动的人是走不长远的，其中关键不在于不慎言之，而在于不慎满之。因为不慎言往往只是一个人自满的表现。这是我对君子要"敏于事而慎于言"的一种理解。当然，后面还会讲到关于"慎言"的其他理解。

可见一个好学之人不仅要腾出精力做实事，还要常保虚空的状态以安放与日俱增的知识或能力。另外，好学之人还要注意多向身边人请教，切记闭门造车。一个人在好学的路上走得越远，就越能体会到学海无涯之意。的确，每个人都有其知道的领域，但任何人的无知永远大于其有知，所以千万不要高看自己而贬低他人，更不要妒忌或排斥他人之高见。正如《论语·述而》言"三人行必有我师焉"，在漫漫求知路上能不断找到比自己高明的人并向其讨教是人生一大幸事、快事！

|第七章|
君子怀德

【原文】

君子怀德，小人怀土；

君子怀刑，小人怀惠。

——《论语·里仁》

【释文】

君子注重精神财富，小人紧盯物质财富；

君子做事先考虑底线，小人只顾及利益。

德，即道之心得。

如果把道看作是自然之本，那么德就是意识对道的反映，是人类所独有的。文明发展到今天，德已经在自然界（包括人类社会本身）的各个领域和各个层面都有涉及和建树，有的在生根发芽，有的在茁壮成长，有的已然开花结果，还有的早已枯萎凋谢。不过，即使是那些已经枯萎凋谢的"老德"也同样发挥着孕育"新德"的作用，因此所有的德都有其价值，我们可一并称之为精神财富。

所谓"君子怀德"，就是提醒人们要关注和珍惜人类的精神财富，要把精神财富看作是人类文明的核心。

然而对于大多数人而言，他们对物质财富的希冀程度远远超过精神财富，即所谓"小人怀土"。不仅如此，在那些看重物质财富的人里面有很多人把金钱等价于物质财富，甚至把金钱看得更重，可见他们只看到了物质财富是可以交换和拥有的，却并不明白物质财富对人类文明而言所具备的真正价值。这就使得社会上存在一个怪现象：当物质浪费的情况出现时，人们只关心浪费了多少钱，却并不关心损失了多少资源。这种扭曲的价值观反过来也证明了人们精神财富的普遍匮乏。其实人类文明，尤其是中华文明并不缺少精神财富，只是人们未见其价值罢了。

《礼记》有言："君子乐得其道，小人乐得其欲。"

一个人的基本需求是有限的，但一个人的物质欲望却可以是无限的。当人们沉湎于物质世界的时候，就会无限放大自身的欲望，然后心安理得地用本无实用价值的钱去任意挥霍社会资源，最终导致物质资源的极大浪费。有君子志者，应当控制自己的基本需求，用大我意识思考问题，站在全人类和子孙后代的角度去看待物质资源，用智慧引导人们合理地驾驭物质财富，不要让过度发展的物质文明成为摧垮人类文明的黑手。

至于"怀刑"与否，这只是一个最基本的底线问题，有君子志者，不应该在这个问题上犯迷糊。当然我们还可对此做另一种理解，即君子在行事前首先考虑的不是能够获取的利益，而是其中的不利因素。只有当可能产生的负面效果能够被接受的情况下才考虑行事。

| 第八章 |
君子以自强不息

【原文】

　　天行健，君子以自强不息；

　　地势坤，君子以厚德载物。

——《易传·象传》

【释文】

　　世界万物常新，君子当奋斗一生引领潮流；

　　文明包罗万象，君子当高屋建瓴海纳百川。

　　世界从无到有，再从无生命到有生命，最后演化出人类，便终于产生了文明，可谓生生不息滚滚向前。

　　所有生命体几乎终其一生都在为延续生命而努力，而凭借意识的帮助早就成长为万物之灵的人类除继承了这种努力的基因外，应还有更高的目标。如果说万物是在天道的推动下被动演进的，那么人类就是开创了借助天道主动演进的物种。所谓主动演进，其实就是知"道"和行"道"的过程。抑或，主动演进正是世界之于人类的使命。虽然这不是所有的人都能担起的使命，但君子应当怀揣此志，用整个生命去实践自强不息。

文明是人类努力的成果，是人类在努力追索天道的过程中不断沉淀下来的物质财富和精神财富。当然，文明的核心是精神财富。

也许隐秘在世界最深处的那个天道是唯一的，是稳定不变的。但人类对天道的认识却是百花齐放、层出不穷的。从年代上说，有传统的、现代的；从方法上说，有哲学的、科学的、宗教的；从地域上说，有东方的、西方的，等等。当今，我们或许可以用人类文明来涵盖以上所有文明，但决不能轻易抹杀文明内部以及各种文明之间的差异性和矛盾性。

不同的文明之间一定有相通之处，但由于存在发展程度不同、研究视角不同、传承方式不同等因素，使得各种文明也有其独特性，而这些独特性之间既有兼容，也有冲突。曾经，不同文明的交汇往往会导致某一种文明受到迫害，以致萌生于该种文明的某些独特贡献不能完全传承下去，这是人类文明发展进程中的悲剧，当代人须引以为戒。

中华文明孕育下的君子文化，本质就是倡导大我意识下的共同发展，而绝非你死我活式的竞争。而君子要拥有海纳百川的胸怀，不光要学会放眼量，更要培养高屋建瓴的本领，这样才能在文明这条滚滚江河中奋勇争先，乃至引导潮流。这是我对"厚德载物"的注解。

历史上很多文明都有过闪亮耀眼的兴盛期，但唯有中华文明盛衰交替几千年仍延绵至今，这显然要归功于中华文明的大我意识。今天的中国已经昂首阔步走出了百年阴影，中华文明必将重回世界巅峰，这是中国的奇迹，也是中华文明的奇迹。

|第九章|
君子慎独

【原文】

诚其意者，毋自欺也。

故君子必慎其独也。

——《大学》

【释文】

为君子者必先真实，不要自欺欺人。

独处时便忘了务本的人又何谈君子？

君子慎独，小人独不慎。

君子是懂得享受孤独的人，他们在独处时不忘行务本之事，从中不断体验破除心中狭隘以及提升自我能力的各种快乐。而小人恰相反，他们是那种一旦感觉自由了便物欲横流、按捺不住的人。

所谓君子慎独，其实是对有君子之志者的要求。从自我评价的角度出发，一个做不到慎独的人，哪怕他的君子之志再宏伟，他也只能将自己定位为一个向往君子品格的心动者，而非践行者。君子务本绝不是为了博取君子名声而做给旁人看的，人前务本人后忘本的行为同样是可耻的。

时下，由于生产效率的提高让人们拥有自由的时间越来越多，但因为电脑、手机中社交网络和游戏平台的广泛应用又使得孤独的时间越来越少。如果说曾经的慎独首先要避免自己独处时的胡思乱想、苟且行事，那么今天的慎独则是先要让自己孤独起来。可以说在今天这个时代里，一个能够做到不被社交网络和游戏所诱惑的人就已经在慎独的路上成功了一半，剩下那一半就看他能够把多少自由的时间用于务本了。

当我们把慎独与务本联系起来后，其实我们就明白了君子慎独的意义。独则不慎者必非务本之人，不务本又何谈做君子？

所谓"诚其意者，毋自欺也"，实际上是对有君子之志者的最基本要求，并非仅为君子慎独也。诚或诚意，往往被误解为待人接物上的要求，但事实上，最大的诚意莫过于真实地面对自己。因此关于一个人是否为"诚其意者"，我更喜欢用"真实"这个词语的内在要求去考察，而不是用诚实、诚意、真诚这些。

一个不敢真实地面对自己的人是无法主动破除内心狭隘的，在能力提升方面也是极为有限的，所以他根本走不了君子这条道。

|第十章|
君子中庸

【原文】

　　君子中庸，小人反中庸。

　　君子之中庸也，君子而时中；

　　小人之反中庸也，小人而无忌惮也。

——《中庸》

【释文】

　　君子避免走极端，小人则非左即右。

　　君子明白极端的危害而守在两端间；

　　心胸狭隘的人游走极端却不知畏惧。

　　君子必须是智慧的，然而不懂中庸的人是不可能智慧的。

　　智慧是建立在超常的价值观和大概率正确的价值判断上的，其中价值判断又是建立在权衡利弊的基础上的，而中庸思想体现的正是权衡利弊的智慧。

　　所谓有一利必有一弊，反过来讲也是一样的。然而，任何人都不可能完全预判出一件事的利与弊，特别是那些陌生领域的事更是如此。在同一件事面前，有的人看到了利益便蠢蠢欲动，有的人看到了危害便畏首畏尾，有的人上午看到利益蠢蠢欲动下午听到危害又畏首畏尾，有的人上午听到危害畏首畏尾下午看到利益便蠢蠢欲动，还有甚者因为看到了有利有弊便干脆放弃，这些都是不懂权衡利弊而常常走入极端的人，是不懂中庸之道的。

正如《论语·子罕》里孔子说"我叩其两端而竭焉"，智慧的人虽然也会从极端方面去考虑问题，但他们不纠结于某一个极端，而是懂得应当通过把握住两个极端把这个问题看明白。还有一句话叫"叩其两端而执其中"，意思就是抓住极端以避免走极端。这二者内涵相结合就是中庸之道的精髓。

然而，我们在继承文明精髓的时候千万要明白一点，文明虽然因倡导者的倡导而得以传承，但文明在被倡导的过程中既可能被倡导者发扬光大，也可能被其扭曲而产生误导。中庸之道就是一个很典型的例子。程朱理学对中庸的解释大致有二，一为"不偏之谓中，不易之谓庸"，另为"中者，不偏不倚，无过不及之名"，都有不当之处。中或不中都是一种价值判断，而有判断就必有倾向性，简单以"不偏谓之中"已属不当。而"不易谓之庸"就更加莫名其妙了，因为用永恒不变为中庸做注解其实已经走入极端，违反了中庸之道。再而"不偏不倚"明明就是另一种极端思想，怎么好意思拿出来玷污中庸之道呢？难怪中庸常常被当作贬义词而遭到挖苦讽刺，与此二者有莫大关系。

事实上，中庸之道是选择之道，其智慧不在于揭示道理，而在于对道理的运用。比如说早餐吃稀饭这件事，中庸之道本身不

会告诉我们吃稀饭有什么好处或有什么坏处，但是它会提醒我们把其中的利弊都看清楚，并且最终帮助我们对早餐吃稀饭这件事做一个符合自身价值观的判断。中庸之道告诉我们不管面对什么事情既不要太悲观也不要太乐观，至于究竟该怎么去做一件事则是需要具体问题具体分析的，不是简单一个"中"就可以概括的。那些把中立当作中庸的人，不是中庸，是平庸。

此外，中庸之道还告诉我们任何具象的道理都不具有绝对性和普适性，也就是不要企图用逻辑思维对其进行过度推导，否则必然会归于谬误。如果不懂得这个道理，我们就很容易从一个极端走到另一个极端。战国时期，杨朱反对儒家和墨家的利他思想，提出"古之人，损一毫利天下，不与也；悉天下奉一身，不取也。人人不损一毫，人人不利天下，天下治矣。"在《列子·杨朱》中记载的一则故事里可以看出杨朱一派主张利己而救世的理论依据，即把利他思想推至极端后发现是不可行的，以此否定利他思想的正当性而建立了利己思想。其实利他思想一旦走入极端就必然荒谬，这本是没有错的，因为一个人在做价值判断的时候不可能完全不考虑自己，关于这一点在本书多个章节中均有提及，重点可参考第六篇《君子之驳》第二章《驳君子谋道不谋食》。但是杨朱的错误在于否定了极端利他后却走入了极端利己，这同样是荒谬的。人必然是社会的一分子，必然要从社会中汲取文明才能完成自我发展，怎能做到完全"不取"？同时天下是由人组成的，若是"人人不利天下"，何来社会文明？社会文明之不存，又何来真正意义上的人？

所以，我们可以把中庸之道看作是运用道理的道理，其宗旨是扬长避短,是谨慎而积极的处事之道。特从明代洪应明收集编著的语录《菜根谭》中寻来一些能够体现中庸思想的名言警句,以辅助理解。

恩里生害,败后成功。

天道忌盈,业不求满。

净从秽生,明从暗出。

富宜宽厚,智宜敛藏。

苦生有乐,得意生悲。

位盛危至,德高谤兴。

|第十一章|

君子祸至不惧

【原文】

君子祸至不惧，福至不喜。

——《史记·孔子世家》

【释文】

塞翁失马焉知非福，

塞翁得马焉知非祸？

中庸之道比一般的大道理还要大，还要难以把握，因为它是运用道理的道理，是更高维度的道理。这就难怪这样一个在中华文明中极有生命力又妇孺皆知的道理却常常被滥用，以至于不知什么时候开始，中庸之道在很多人眼中竟成了一套自欺欺人的把戏。然而真的上了年纪的人或是阅历丰富的人，大都会运用一些中庸之道，比如看问题不走极端了，对某些意外事件能够更冷静地看待乃至给出一些更长远的见解，等等。只不过在那些自己会运用中庸之道的人里面能够把这个道理讲清楚的很少，以至于他们在向后辈传授经验的过程中往往词不达意，不仅让那些不谙世事者难以领会，而且由此生出的误会甚多。

相传由西汉淮南王刘安主持撰写的《淮南子·人间训》中记载的关于"塞翁失马"的一则寓言至今仍广为流传，然而对于很多人而言这个故事尽管颇为震撼，却是荒诞不经，毫无科学依据的。不过诸如寓言、成语这样的经典就是这样，总希望借助生动的故事得以流传，但就像种子为了传播而在外面包裹美味的果肉一样，果肉被吃掉了可是内核却吐掉了，很多受众对寓言故事和成语故事耳熟能详的同时却往往对其欲阐发的道理不明就里，直到上了年纪后或许才有些感受。这是那些渴望智慧的人应当警醒的。

其实，"君子祸至不惧，福至不喜"就可以看作是塞翁失马这个寓言故事的内核，而其中更深层次的道理便是中庸之道。

所谓"祸至不惧，福至不喜"，正是劝诫人们要冷静看待眼前的得失、成败、毁誉，莫被一时之祸吓倒而错过了后面的福分，也莫被一时之福冲昏头脑而忽视了隐藏其中的灾祸。事实上福祸只是一体之二面，世人眼里所谓的"福"是因只见其利而不见其弊，而所谓的"祸"则是只见其弊而不见其利，故而因福得祸悔不当初者常有，而因祸得福又转而成祸者亦不在少数，大多数人无法解释其中原因，只能将此归结为"命"。

所以在福祸面前，我们不妨少一些感情用事，多一些利弊分析，这样就能够把"意外"看得透彻些。在享受意外之喜时能多一个心眼，在承受意外之悲时能多一份期待，如此，我们便能够争取把坏事变成好事的同时，也做到尽量不让好事变成坏事。

|第十二章|
不怨天　不尤人

【原文】

君子不怨天，不尤人。

——《孟子·公孙丑》

【释文】

事遇不顺，君子既不气馁也不埋怨。

关于"不怨天，不尤人"的劝诫，《论语》里也有记载。

所谓"怨天"，其实是为自己准备放弃而找的理由，同时也是在承认自己的无能与失败；而"尤人"呢，尽管不愿承认自己的无能与失败，却不过是为自己推卸责任寻找借口罢了。二者都是极为不智的：一方面过于看重行为的结果而忽视了行为本身的意义，是舍本逐末的；另一方面因不愿正视自身的狭隘性，导致无法进一步认识事物发展的规律，甚至对原本相对正确的认识也产生了扭曲。

所谓的逆境，其实不过是现实不如预期的心理感觉，二者的差距越大，逆境的感觉就越强烈。产生逆境的可能性只有两种，一是自身的判断出现了问题，二是无法避免的偶然因素产生了干扰。大部分人喜欢把逆境产生的原因归结到偶然因素上，但事实上，绝大多数所谓的逆境都是源自自身判断出现了问题。凡事都有原因，我们不能把那些我们没有预料到的原因都归结为偶然因素。因为之所以我们没有预料到，可能是因为我们忽视了，也可能是我们的判断力有偏差，总之主要是我们自身的原因。而真正的无法避免的偶然因素是极为罕见的。

每一个人都是狭隘的，都会因为自身的原因身陷逆境，也极有可能因为逆境而发牢骚，但君子应当明白，此时正是找到自身局限性的好时机。如果我们能把每一次逆境都看作是一次提升认识、升华人生的机会,那么我们就能够像君子一样做到不怨天尤人。而万一逆境真的是由于那些无法避免的偶然因素造成的，我们也不妨用"塞翁失马焉知非福"的心态去坦然面对。因为机会总是留给乐观之人的，毕竟逆境的背后隐藏了多少机会谁又知道?

其实，不管是小的逆境、顺境，还是大的逆境、顺境，都是人生路上一个又一个大大小小的坑洞。所不同的是，逆境是一个你已经深陷其中的坑洞，是看得见的；而顺境却是前方那个你未曾看到的陷阱，是你即将陷入其中的坑洞。至于为什么顺境是陷阱，这个问题我们可以这样理解：碰上超预期的结果是我们感觉走入顺境的主要原因，但这种感觉会大大降低或者扭曲我们原有的判断力，导致后续行为的不理智，从而埋下隐患。

一般来说，能够正视逆境的人未必不会在顺境中跌倒，但不正视逆境的人一定会在顺境中跌得更惨痛。

|第十三章|
君子同其远

【原文】

君子乐与人同，

小人乐与人异。

君子同其远，

小人同其近。

——《易·同人·象》

【释文】

君子认为好东西大家共同拥有是快乐的，

小人开心于自己有的好东西别人却没有。

无私君子愿意与任何人进行交流和分享，

自利小人只能够与其关系亲密的人共享。

　　《论语·子路》里有"君子和而不同，小人同而不和"之说，但此"同"乃"苟同"之意，非《易·同人·象》中"同"之"同道"或"同志"之意也。

　　所谓"君子乐与人同"，在《孟子·梁惠王》中孟子给了一个很好的注解，即"独乐乐不如众乐乐"。君子是大我意识的践行者，其喜怒哀乐出自小我之身的不过是极小部分，更多的是出自为他人、为社会之考量，即其喜怒哀乐主要是人之社会性的表现，而非人之动物性的。

　　由于价值取向不同，君子眼中的好东西往往和小人眼中的不同。小人看重的无非是地位、钱财、物欲这些稀有之物，珍藏起来独享欢乐也就在情理之中。但正如《道德经》所言，"圣人欲不欲，不贵难得之货"，有君子志者不应以小人之欲为欲，不以难得之货为贵。君子看重的是德，是有利于大我，为民族、国家乃至世界谋福祉的精神财富。

　　君子必乃有德者。德乃智之果，必可谋私利，但君子不屑为之。故君子不会藏德于己，非但不藏，还积极寻找志同道合之人进行交流和分享，以期共同树德，造福于民，即所谓"君子同其远"。《论语·颜渊》中有"君子以文会友，以友辅仁"之说，正合此意。

　　有君子志者，当不分亲疏，尽其目光所及找寻有共同志向的人，以期举社会之文明灌溉己之精神之树，并以己之精神果实回馈全社会。

|第十四章|

谦谦君子

【原文】

　　谦谦君子，卑以自牧。

——《易传·象传》

【释文】

　　君子应戒骄戒躁内外谦和，以虚心自处。

　　《国风·秦风·小戎》里有"言念君子，温其如玉"的诗句，兼以"谦谦君子，卑以自牧"，后人便有了"谦谦君子，温润如玉"之说。

　　应该说，一个人要真正做到待人如沐春风、温润如玉是很困难的，因为这意味着至少要做到这样几点：首先要充分融入社会，并且要培养出足够的大我意识，做到与社会为善；其次是在个人利益面前要做到豁达而无争，顺其自然；然后是有自知之明，不固执己见。然而能做到这三点的，已非谦谦君子不可。

　　所谓"卑以自牧"的"卑"，是放低姿态的意思，主要是强调不要自大自负，而不是一副楚楚可怜的自卑状。所以我们可以把这里的"卑"看作虚心。谦和卑是相辅相成的，谦是卑的外现，卑是谦的内因。谦和卑合在一起本应该是"谦卑"，但谦卑这个词在今天看来是一种外在的状态，体现不出内在的虚心，所以还是用"谦虚"这个词更合适。

"谦虚"这一道德规范，历来被儒家和道家所推崇，堪称中华文明之魂。西方文明尽管也讲谦虚，但他们更推崇虔诚。可以说，谦虚还是虔诚，是中西方文明中具有代表性的且比较深层次的差异。从表面上看，谦虚和虔诚非常相似，但二者形似神不似。虔诚的本质是对神灵的畏惧，是那种生怕受天神责罚而不敢越雷池一步的感觉；而谦虚的本质是对大自然的敬仰，是仰望天空时感受到自身渺小的那一声叹息，以及叹息之后爆发出的那种永不止步的豪情。所以很显然，虔诚是一种自闭的思维。而谦虚恰相反，是开放的，是充满哲学气息的。

谦虚，谦是表，是一种为人处世的修养和态度，属于人生观；虚是里，是对大自然，对人类社会的基本认识，可以看作是世界观的范畴，但这种认识主要是强调"未知远大于已知"这种自我否定的理念。谦虚堪称是所有君子品性中最独特的品质。有了它，任何君子品性都有可能被建立起来，但失去它，任何君子品性都无处安放。

人性中一旦注入了谦虚，人之社会性就有了无限成长的可能性，其胸襟和眼界会在谦虚的帮助下爆发性增长。这或许可以作为"卑以自牧"的另一个注解，让那些有君子志者看到谦虚的价值，并学会在谦虚中完善自己。

| 第十五章 |

躬行君子

【原文】

文，莫吾犹人也。

躬行君子，则吾未之有得。

——《论语·述而》

【释文】

孔子认为自己在文化修养方面有所造诣，

但要按一个君子的标准去衡量还差得远。

　　一个真实的人一定会变得虚心，一个虚心的人一定会变得智慧，一个智慧的人才懂得自谦。这条人生定律在孔子身上体现得尤为充分。

　　要做到真实，核心是要做到真实地面对自己，唯有如此，你才愿意并且能够发现自己在哪些方面存在问题。一个能够常常找到自身不足的人，自然就会虚下心来看待自己以及看待周围的人和事。一个虚心的人，才能够免受自满和狂妄的伤害，既不会过分扭曲对这个世界的理解，又可以通过各种渠道充分吸收外在的文明，从而将自己慢慢打造成一个相对智慧的人。一个智慧的人才懂得自己不知道的永远比知道的多，因而就懂得了承认自己的不足是一件多么明智的事。

自谦不是自责，更不是对自负的装点，而是在客观认识自己的基础上向外界做出适当的表达。那么孔子为什么会认为自己在践行君子品性方面做得不够呢？

在本书最前面已经提过，一个人或许能够成为别人眼中的君子，但却没有资格自称是君子，关于这一点恐怕孔子也是这样认为的。君子是一个可望而不可即的理想人格。所谓"可望"，是因为我们总能找到那些相对于自身狭隘性的君子品性，从而加以参照；所谓"不可即"，是因为我们自身的狭隘性是永远存在的，不但不会因为我们越来越开明而消失，反而会因为越来越开明而更加明显。所以，君子品性是随着文明的发展而发展着的，无法将其内涵完全固化。既然连理想君子的标准都不存在，那么又何来君子？可见不是孔子做不到，是所有人都做不到，只不过孔子看明白了这一点。但可笑这世上还是有很多人虽不知道自己离君子有多远却妄称自己为君子。

孔子所谓"躬行君子，则吾未之有得"，虽然这一自谦之语充分起到了嘲笑缺少自知之明那群人的效果，但他主要想表达的还是有君子志者必须身体力行，而不是整天在脑子里意淫所谓的君子品性。任何君子品性，只有通过实践才能真正融化到自己的意识中去，从而达到改造自身意识的目的。任何夸夸其谈，都不过是在给自己编织一件"皇帝的新衣"，自欺欺人罢了。

第四篇

齐家治国
平天下

　　具有君子的品性不是做一个君子的目的。做一个君子，实际上就是要以君子的标准做事，最大限度地实现个人价值。而君子的个人价值，其重点一定不在于个人之得失，主要在于为社会所做的贡献，小到持家，大到治国、平天下。

|第一章|

君子喻于义

【原文】

君子喻于义，

小人喻于利。

——《论语·里仁》

【释文】

君子通晓义利之辩的智慧，

小人精于唯利是图的算计。

义，从社会的角度来说，是大我意识下的价值观，以维护大我为价值导向；从个体角度来说，是一个人在社会化过程中对社会价值的认识程度，是智慧的体现。

以自我为大者，乃人之动物性的延续，对社会价值的认知几乎为零，可谓纯粹的自私自利者；以家庭或家族为大者，开始对社会价值产生认知，有了利他行为，但因该认知过于狭隘仍未使自己脱离自私之境；以国家民族为大者，已经彻底摆脱了人之动物性的束缚，对社会价值有了充分的认识，进入了明义的思想状态；以全天下为大者，兼顾了现在和未来，兼顾了人类和非人类，是大我意识的最高形态，是人类终极使命的探索者。

利，特指个体私利，也可以扩大到小团体利益。

义利之辩是中华文明对世界文明的一大贡献。在两千多年前的中国，很多有识之士就已经明白了一个道理，即个体文明只有根植于社会文明才能开花结果。的确，任何个体一旦脱离社会文明而独立生长，那这个生命本质上和动物一样是没有文明的，既不能实现人的基本价值，更无使命可言。

不过，正如汉代董仲舒在其《春秋繁露》中所言"利以养其体，义以养其心"及"心不得义不能乐，体不得利不能安"，义利之辩并非简单的取义舍利。因为必要之利是个体赖以生存的基础。只有极端情况下，为大义舍弃必要之利可视为勇敢，否则轻易要求自己或他人舍弃必要之利都是盲目而愚蠢的。

小人会将所有的利都看作是必要之利加以维护，这当然是要被鄙夷的。但有的人看不到必要之利的重要性而轻易抹杀之，也是极不明智的。此两种都为极端行为，非君子所为。

每一个人生来都是以自我为大者，但在文明的熏陶以及社会的引导下，人们在成长的过程中会有意无意地围绕义利之辩这个问题进行思考。有君子之志者应从义利之辩的角度对自身当前思想境界常做判断，如发现尚未达到明义之状态，则须提醒自己加倍反省才是。

|第二章|
过则勿惮改

【原文】

　　君子不重则不威，学则不固。

　　主忠信，无友不如己者，过则勿惮改。

——《论语·学而》

【释文】

　　君子人前稳重才可得威信，人后稳重方能学有所成；

　　坚持忠厚诚信，与才学之人交友，不忌讳他人指责。

　　知轻重者方能稳重。稳重是压力之下为人处世的态度，人前稳重是为了发挥自身正面影响力，人后稳重是为了保持专注力。而在没有压力的情况下，该轻松轻松，该活泼活泼，没必要时刻刻一副稳重相，否则就是不知轻重，是呆板了。

　　而忠厚和诚信是为人处世之本，须臾不可离。

　　一个人对家国的忠厚度取决于其对家国依赖度的认知以及对家国的热爱程度。自大的人认识不到家国的重要性，自私的人不会真正热爱他的家国，所以一个忠厚之人，首先是脱离了自大和自私的人。

诚信的背后则是自知之明加上一诺千金的精神。一个人知道自己能做什么事以及能把事做到什么程度，他的承诺才是有底气的。一个人不管碰到什么意外情况都把践行诺言看作是义不容辞的事，那么这样的人才是值得信赖的。自知之明是智慧的体现，一诺千金是价值观的体现，二者合一，方为诚信。

君子当以忠厚融于社会，以诚信贡献社会，成为社会之楷模。

所谓"无友不如己者"，是指交朋友是奔着别人的优势或长处去的。在当前的普遍价值观下，有权有钱或许是最大的优势，可如果照这样理解，我们应该和权或钱做朋友才对，但这算哪门子的君子？所以，一个人看重什么，他就会做出相应的思考和行为，也就会慢慢变成所看重的那样。故为君子者，改造自身价值观乃首当其冲。

再看"过则勿惮改"。没有人生来就乐于接受外界的批评，更不用说内省了。的确，每个人都是狭隘的，无知永远超过有知。不过君子能够认识到自己是狭隘的，并且总是希望找到自己内心的狭隘然后破除之。所以君子必须参透"反者道之动"的奥妙，进而明白否定才是发展的动力。一个人不管处于什么阶段，只要他明白了否定和自我否定的意义，他的未来是不可限量的。反之，一个害怕被否定的人，必然会被淘汰在发展的洪流中。

君子本应是常常内省的人。因此被人指责恰是别人帮助你内省的机会，欢迎还来不及，何苦忌讳呢？如果你还觉得被人指出毛病很丢面子，那就想想《论语·子张》里子贡的话吧：

"君子之过也，如日月之食焉。过也人皆见之，更也人皆仰之。"

|第三章|

君子无终食之间违仁

【原文】

君子去仁，恶乎成名？

君子无终食之间违仁，

造次必于是，颠沛必于是。

——《论语·里仁》

【释文】

君子放弃了博爱，还能称得上君子吗？

君子以大我意识为思想和行为的准则，

危急之下是如此，困顿之下也是如此。

孔子不像西方先哲们那样热衷于探究这个世界是怎么产生的，但是他爱这个世界，爱这个世界里所有的人。这种爱甚至超过了爱自己，这恐怕就是孔子眼里的"仁"。

爱，不管是私爱还是博爱，都是人类社会伟大的精神力量，不过博爱才是更伟大的。

爱这种情感每个人生来就有，但仅限于私爱。而博爱，是需要依赖文明的熏陶和社会的引导才可能拥有的。中华文明历来是弘扬博爱精神的，这或许就是中华文明数千年屹立不倒的支柱吧。

仁的实质是基于大我意识下的博爱精神，是人生观的体现。以仁为主流人生观的中华文明最终形成了开放、利他、积极的价值导向，也就是价值观层面上的"义"。因此，用"仁义"二字来概括中华文明的整体精神面貌是恰当的。汉代扬雄在其《法言》中有"君子于仁也柔，于义也刚"的说辞，讲的就是君子在为人与处世两个方面分别展露出来的气质。以仁心待人，是柔的一面；以道义处世，则有刚的一面。此之谓刚柔相济。

当然除了仁义之外，中华文明还为我们提供了许多别样的人生观和价值观，都很珍贵。其中最有代表性的是以老庄为代表的道家思想，他们倡导的人生观和价值观与儒家倡导的仁义思想可谓截然相反。与孔子热衷于探讨人生观和价值观不同，老庄更擅长洞察世界，他们给我们留下的那些令人叹为观止的世界观，无疑成为中华文明又一压箱底的宝藏。但同时，老庄那深邃而冷冰冰的眼睛里显然没有关注到生命的特殊性，尤其是作为万物之灵的人类的特殊性。

《道德经》里有这么几句话，"天地不仁，以万物为刍狗"，"大道废，有仁义"，"绝仁弃义，民复孝慈"。道家认为世界万物方生方死本无差别，更无所谓仁，但人类社会因为偏离了正道，看待万物便有了差别，所以才需要仁义等精神去平衡。然而，也许从世界的本原去看，世界万物的确没有差别，但是从人生观、价值观的角度去看，生命的意义就是在延续生命的前提下努力活得不一样，无愧于让自身、族群乃至整个生命体越活越精彩这一终极使命。

而《庄子·外篇》所谓"彼至正者，不失其性命之情"，更是企图把人性框定在动物性这个性命之性上面，完全没有看到人之社会性才是人性的主要部分。生命的精彩，或者说生命的发展本质上就是突破本性的狭隘，而不是受制于本性。人类出现后，人性已经不再局限于性命之性——人之动物性，人性更多的是体现在人之社会性上。人之社会性会不断地要求和引导一个人破除人之动物性的狭隘，从而达到二者融合的目的。不仅如此，对于已经完全融入社会的人来说，仍然要把继续破除自身狭隘当作是使命的召唤，将其既看作自我提升也看作回馈社会，这样人类文明才能不断发展。

令人唏嘘的是，曾经的道家已经沦为今天的道教，这是由其主张封闭的、利己的、消极的人生观和价值观所决定的。然而唏嘘之余，我并不认为老庄的观念是多余的。恰相反，我认为不同的观念越多越好，因为唯有如此，我们才有更多的精神力量得以借鉴，才能不断找到更好的、更值得信赖的精神力量。

回到"仁义"这个话题上，时下有一个颇为尴尬的现状令我们不得不去面对，那就是假仁假义的行为太多了。不过也可以这样去认识这个问题，一个社会越是看重什么，那么这个社会里相应的假货就越多。传统的仁义观念让我们这个民族团结而友善，而向往更团结、更友善就需要进一步大力倡导仁义观念。这样的社会导向无疑会形成一种压力，使得那些还没有形成真正的以仁为本的人生观和以义为本的价值观的人，有的迫于压力做出仁义的样子，有的企图沽名钓誉装出仁义的样子，这些都是常有的事。

我们不能因为世上有假货，就把真的给抛弃了。只不过，我们应该擦亮自己的眼睛以找到真正的仁义，这既有利于抵制假仁假义，更有利于将自己打造成真正的仁义之人。那么如何鉴别真正的仁义之人呢？那就是所谓的"君子无终食之间违仁，造次必于是，颠沛必于是"。

的确，孔子他老人家已经说得很明白了。不过，如果我们再看看记载在《孔子家语》中的另一句话，我们就更明白了。

"且芝兰生于深林，不以无人而不芳；君子修道立德，不谓穷困而改节。"

|第四章|
君子义以为上

【原文】

　　君子义以为上。

　　君子有勇而无义为乱，

　　小人有勇而无义为盗。

——《论语·阳货》

【释文】

　　君子应当敬仰并践行高尚的价值观。

　　价值观混乱的人一旦得势就会作乱，

　　价值观不正的人胆子越大越易犯事。

　　义，即正义、道义。

　　自古以来人们喜欢用天经地义给义做注解，仿佛在告诫人们义是从来就有、亘古不变的。无疑地，这么理解义是希望人们尊重义。然而义固然需要被尊重，但更需要被理解。只有真正理解义的精神实质，我们才能更好地受其指引。

义的实质是符合社会发展规律的价值观。所以，义是人类社会独有的。从历史的角度看，义是经得起智慧检验的，是被社会广泛认可的价值观；从发展的角度看，义不是从来就有的，更不是一成不变的，而是随着人们对社会发展规律的逐步认识而发展演进的。

义是高尚的价值观，是道德和法律的源头，也是道德和法律的精神支柱。不符合道义的道德不是美德，不维护正义的法律则是恶法。

今天，我们的社会正以前所未有的速度发展着，所有人的价值观都或多或少会受到冲击。以市场交换为核心的经济社会下，金钱（或称货币）成了价值观里的宠儿，甚至成了许多人眼里衡量一切价值的标准，这是令人震惊的。曾经有一句话很流行，说"钱不是万能的，但没有钱是万万不能的"。其实这句话客观分析起来并没有毛病，但是在实际的理解中，"万万不能"四个字的威力已经远远盖过了"不是万能"，而"没有钱"似乎也成了没有底线的遮羞布。

如果问问时下什么叫没有钱，我们会得到无数种回答。买不了"LV"包的叫没有钱，买不了奔驰的叫没有钱，买不了别墅的叫没有钱，买不了游艇的还叫没有钱；孩子读不起私立学校的叫没有钱，供不起出国留学的也叫没有钱；年薪十万的叫没有钱，年薪百万的叫没有钱，年薪过亿的还叫没有钱；去不了黄山的叫没有钱，去不了珠穆朗玛的叫没有钱，去不了火星的依然叫没有钱。无底线的需求带来了无底线的"没有钱"，而总是感觉没有钱的人眼睛里盯着的、脑子里计较的就只是钱。

这真的是邪了门的价值观！总以为有烦恼是因为没有钱，总以为只有钱能解决烦恼。可是为什么不反过来想一想：我们为什么会有这么多烦恼呢？

其实人们一旦模糊了自身基本需求的范围，就会不断放大自己的需求，然后就坠入到一个无法填平的欲壑之中，无尽的烦恼便接踵而至。而今天这个高度自由和飞速发展的社会环境似乎给人们提供了一个无限度满足欲望的通道，这个通道就是赚钱。有了这个通道的诱惑，人们在赚钱的路上便越发卖力和勇敢起来。然而，以金钱为最高价值的价值观是符合社会发展规律的价值观吗？是高尚的价值观吗？

如果从正义的角度去看，努力挣钱的行为的确是符合这个社会的发展要求的。但是我们一定要搞清楚，从社会角度看，鼓励人们挣钱的目的是鼓励人们努力。然而站在个人的角度，挣钱却成了人们努力的目的。所以，以鼓励挣钱来鼓励努力的社会导向是有巨大隐患的。

从道义的角度看，也就是以更长远的眼光去看待社会发展，物质财富虽然是人类文明的重要组成部分，但绝不是核心。人类文明的核心必然是精神财富，因为精神文明一旦无法驾驭物质文明，人类文明就要崩塌。所以，社会的发展不能只关注物质财富的累积，更不能以满足个人的物质欲望为手段去强化构建物质文明。如若不然，人类很快就会为自己的物质繁荣付出惨重的代价。

以保障社会健康发展为己任的君子们，前途任重道远！

|第五章|
君子成人之美

【原文】

　　君子成人之美，

　　不成人之恶。

——《论语·颜渊》

【释文】

　　凡是看见有利的事，君子都乐意帮一把；

　　但君子不会怜悯和扶助那些走歪道的人。

　　何为美？何为恶？

　　美分两类：一为赏心悦目之美，是感官体验上的美；二为利大于弊之美，是价值判断上的美，亦可称为善。相对地，恶也分两类：一为感官体验上的恶，亦可称为丑；二为弊大于利之恶。所谓"君子成人之美，不成人之恶"，其中的美与恶应该是价值判断上的善与恶，故本章不讨论感官体验上的美与丑。

　　善恶是人类对事物的一种评价，是意识的产物，不是事物本

身的属性。不同的文明，不同的国家，不同的时代，不同的族群，乃至不同的人其善恶观都各有不同。善恶观是建立在价值观上的，因此价值观相近时，人们的善恶观会趋同，而价值观分歧较大时，善恶观也会有较大冲突。所以可能存在某一件事情，古今中外对其评价是一致的，因为人类在这件事情上的价值观高度统一。但更有可能的是，对同样一件事情不仅古时候和现代看法不一致，而且东西方观点也迥然不同，这就是价值观尚未统一所造成的。如果具体到个人，那么对任何一件事都可能出现各种各样的评价，因为个人的价值观是离散的、不稳定的。

应该说，不管就个体还是整体而言，价值观发生变迁才是正常的现象，一以贯之的价值观是极为罕见的。因为人是会变化的，既有衰退式的变化，也有发展式的变化，但总体上看，人类会不断向更文明的方向发展。而作为人类文明核心的精神文明，虽然与人类的世界观、人生观密不可分，但最直接相关的还是人类的价值观。所以说，人类的价值观可以直接体现人类的文明程度。

今天人类文明的主流是东方文明和西方文明，两大文明的价值观有许多相同之处，也有许多不同，不过本书不对两种文明的程度等级进行评价。但从文明发展的内在要求（即否定和自我否定）来看，文明绝非越统一越好，不同的文明一定有相得益彰之处，所以不同文明之间的交汇一定要避免你死我活式的斗争。而且，不管哪个文明一时处于上风，都要允许其他文明的存在，否则必然是整个人类的灾难。历史一再告诉我们，每一次东风西渐或是西风东渐都会极大地推动人类文明的整体发展。

时下，仍有很多人不愿意把善恶与价值判断联系起来，总以为善与恶是浑然天成的，是事物的本性。的确，从孟子的"四心说"到王阳明的"致良知"，似乎都在诱导我们把人性本善当作真理。但我们只要学会用发展的眼光去看，就会发现人类的每一种观念都不过是对真理片面的甚至是扭曲的映射，即人类寻找真理的道路是永无止境的——不是在认识的路上，就是在重新认识的路上。

事物有其本质特性，但无善恶之分。善恶只是不稳定的观念，只存在于字面上或脑子里。性善性恶之争可以休矣！

任何特性或任何行为只有放到特定场合才能区分善恶，不过有的场合具体些，有的场合比较抽象。场合越抽象，善恶区分越笼统。反之，场合越具体，善恶区分就越清晰。

就拿人之动物性中满足自我需求这一本性而言，一旦放到人类社会中，个人在发挥这一本性的时候就有了善恶之分。抽象的场合下，我们判断一个人在满足自我需求的时候不考虑别人的需求是一种自私的行为，是恶的；而当一个人先考虑别人的需求再考虑自己时，我们认为这是先人后己的无私之举，是善的。然而放到具体场合下，又会出现更多的善恶判断。比如两个双胞胎孩子在母亲怀中争抢着吃奶，我们不会认为哪个孩子是恶的，反而觉得他们很可爱；一个即将渴死在路边的人，看到别人家田里有瓜便赶紧摘来吃，我们不会觉得他是恶的，但这个人吃完后，又摘了许多瓜，放到田边暂时无人看管的手推车里再一并偷走，那就是恶；一个饥肠辘辘的战士把自己捕获的野猪分给对面的敌人吃，我们不会认为这个战士是善良的，反而会因为他的愚蠢之举造成的严重后果而认为他是通敌的恶人。然而最后一个例子也存在一种极为罕见的情况，那就是这个捕获野猪的战士如果知道对

面的敌人是被迫加入战斗的，并且很有可能因为自己的善举而放弃敌对状态，那么这个战士把野猪分给他们倒成了一种英勇的壮举，是善的。

可见，善恶之分完全是基于价值判断的。在上面的例子中，刚出生的双胞胎婴儿还不受人之社会性的束缚和教化，抢奶吃是维持生存的本能，显然利大于弊。快渴死的人路边摘个瓜吃，虽然伤害了他人的财产权益，但相对于拯救自己的性命而言，显然后者为大，故这种行为也是利大于弊。虽不能就此判断此人是个善人，但他这一举动至少是善的——毕竟救自己的命也是救命。但后面这个人拖车偷瓜的行为显然是恶的，因为他放大自己的需求而损害了他人利益，弊大于利。战士把捕获的野猪分给敌人吃，这不是大公无私，这是敌我不分，恶！但后面那种情况下，这个战士看到了对面敌人的特殊性，从而因势利导做出分野猪的行为，是经过利弊分析后采取的行动，善！

然而，社会或文明向大众倡导善恶观的时候，为了便于宣传和教化，往往把行为和背景高度抽象化，笼统地认为如何如何就是善的，如何如何就是恶的，却忽略了其中价值判断的过程——而恰恰这一过程才是真正能够引导人们正确认识善恶观的关键。在这种情况下，不管是教化的人还是被教化的人都会受到困扰，一方面为了融入社会而被迫接受主流善恶观（或是非观），一方面又常常因为不得其要领而反受其害，对主流善恶观总是处于又遵循又怀疑的飘忽状态。

只有当我们明白善恶观是以价值判断为依据的这个逻辑后，我们才能建立起稳固的善恶观。当然仅仅稳固还是不够的，最要紧的是建立积极向上的善恶观。根据前面的论述，我们很容易推导出一个结论，即价值观决定善恶观，因此只有培养出高尚的价值观才能建立起积极向上的善恶观。

君子重仁重义，重仁则爱人，重义则知善恶，故君子成人之美，不成人之恶。

同样地，君子成己之美，不纵己之恶。

|第六章|
不知命无以为君子

原文

　　不知命，无以为君子也；

　　不知礼，无以立也；

　　不知言，无以知人也。

——《论语·尧曰》

释文

　　不理解社会使命的人做不了君子；

　　不尊重社会制约就无法立足社会；

　　不辨析社会言论则难以读懂人心。

　　对于"命"，不同的人生观下会有不同的理解。或者，命在中华文明语境中本来就有人生观的意味。

　　人生观是建立在世界观上的，世界观越清晰则人生观越清晰。然而，世界的本然可能永远超出人类的认知范围，即不管人类的认知水平如何发展，都不能做到完全认识世界。正因为人类认知存在局限性，所以自古以来各种文明在各自的认知体系下构建了五花八门的世界观，大致可通过三个维度去分类，即宗教的或非宗教的（如哲学的、科学的），有神的或无神的，命运决定的或命运自由的（即命运可以改变）。

从个体的世界观来看，大部分人的世界观是由各自所在的社会环境决定的，思想越开放的环境下人们的世界观越丰富，反之，人们的世界观就越单调。总体而言，世界观被宗教决定的人基本上是持有神论和命运决定论的，而与其相反的一种人基本上都持无神论和自由命运论。以上两种人有一个共性，即拥有清晰的世界观和人生观。不同的是，因为二者对世界的看法和对人生的态度截然不同，故而意识领域分歧极大。然而，还有一大部分人既受到宗教的影响，又存有非宗教的怀疑精神，导致世界观模糊，所以人生观也不清晰。

中华文明的开放性决定其必然拥有丰富多彩的世界观。而当代中国在中国共产党的领导下，这一特点就更加突出。

君子不是这个世界的苟活者，而是整个人类乃至整个世界的探索者和引路人，他们必然以社会的使命为使命，包容进取，不负韶华！

接下来我们来理解"不知礼，无以立"这句话。

礼，即以法律、道德为核心的一切社会制约。礼既是社会文明的需要，也是社会统治的需要。礼是随着人类社会的产生而产生的，也是随着人类社会的发展而发展的。

然而，礼有好坏之分，好的礼具有前瞻性，能促进社会发展；坏的礼是落后于时代的，或者是与这个时代不匹配的，会制约社

会发展。所以在今天这个日新月异的时代，礼在新陈代谢方面的速度应当加快一些。

人之社会性赋予了一个人获得社会资源以及汲取社会文明的可能，但同时也要求这个人融入社会。而知礼正是人之社会性对人在融入社会方面的要求。可见，礼虽然是一种社会约束，但其宗旨却是引导个人与社会之间的和谐共处。因此，如果一个人对礼的认同度越高，那么他就越容易融入社会；如果一个人对礼的理解足够充分，那么他就既能发挥礼的价值，又不过分受到礼的束缚；而如果一个人既不能接受礼的引导，又不肯去理解礼的意义，那就是不知礼，这样便无法立足于社会。

再看"不知言，无以知人"。

一个人从呱呱坠地到听音学语再到识字读书，最后学会分析思考，是一个从偏听偏信、懵懵懂懂到兼听则明、茅塞顿开的过程，只可惜不是所有的人都能从懵懂的状态中走出来。事实上，要想做到明智而不惑并非易事，哪怕是读一辈子书也未必达成。

言，分真言、谎言、戏言；分雅言、俗言；分明言、暗言；分诤言、忠言、谗言、危言；分敬言、谦言、卑言；分谏言、谤言；分誓言、妄言、狂言；分流言、传言、谣言；分良言、巧言；分慷慨之言、蛊惑之言；分心灵之言、应景之言；分义愤之言、痛心之言、咒怨之言；分规劝之言、恫吓之言；分肺腑之言、马屁之言……同一句话，同样几个字，甚至同一副面孔下都可能隐藏了七八种意思、十来个人心，这岂是不谙世事的人能参透的？

故知言者不惑，不惑者知人。

　　《论语·为政》记载，孔子晚年自言"三十而立，四十不惑，五十知天命"，可见其先知礼，再知言，然后知命。老先生很智慧、很真实、很可爱！

|第七章|
君子不以言举人

【原文】

君子不以言举人，

不以人废言。

——《论语·卫灵公》

【释文】

君子不会仅凭某人话说得漂亮便重视他，

也不因为某人持不同立场便否定其观点。

《史记·仲尼弟子列传》有记载："孔子闻之，曰：'吾以言取人，失之宰予；以貌取人，失之子羽。'"《韩非子·显学》对此也有类似的记载。大概意思是，孔子曾经感叹过两次自己看错人的经历，一次是因为以言取人而高估了弟子宰予，一次是以貌取人而低估了另一个弟子子羽。

世上没有一个伟人是因为不犯错误而伟大的，恰恰相反，伟人之所以伟大正是因为他们敢于直视自己曾经犯过的任何错误。

错误是一个贬义词，然而事实上，一个人若是无视错误的确是可鄙的，可只要他愿意从错误中找到自己的狭隘之处，那么任何曾经犯过的错误都将成为其宝贵的财富。作为文明的继承人，我们一定要明白从文明中传承下来的每一句教诲，每一声感叹，其背后都隐藏着一代又一代的人们无数次对错误经历的体验和思考。

君子是社会的楷模，更是社会的脊梁，所以君子要时刻明白自己在社会中的影响力，尽量发挥正能量，而识人用人就是其中一个重要的方面。

能言善辩固然是一种能力，但说一套做一套或者说得出做不到的人却比比皆是，所以要全面认识一个人，不仅要听其言，还要观其行。在即时通信发达的今天，很多人都在学着表达，甚至是作秀。与此同时，人和人之间的交往越来越虚拟化而浮于表面，真正埋头做事的人没有人认得，夸夸其谈的人反而唱起了主角。这种现象是需要警惕的。试想一下，如果某领导看走了眼提拔一个浮夸的人，那么接下来会有多少浮夸的人站起来，又有多少干事的人还能沉得下心来干事？

所谓"不以人废言"则是另一种胸怀和智慧。

社会需要共识，需要不断地谋取共识，但共识是大我意识下的共识，不是一言堂，更不是为了一己私利。人和人之间存在观念上的分歧甚至是对立都是正常的，持不同立场的人相互之间完全可以分享观点和观念，并且从差异性中获得更高级的认识。正所谓众人添柴火焰高，因人废言的行为无异于釜底抽薪，看起来是阻碍别人发挥能量，实质上却是断绝了自身的辉煌。

|第八章|
疾没世而名不称

【原文】

　　君子疾没世而名不称焉。

——《论语·卫灵公》

【释文】

　　君子担心所作所为不被后人认可。

　　尽管"名利"这个词是贬义的，但对于任何一个人而言，把关切点放在名和利上却是正常而且必要的。

　　名代表了社会影响力，是外在的；利代表了资源以及相应的价值判断，是内在的。可是很多人眼中的利仅仅是小我意识下的利，是狭隘的私利；同时很多人眼中的名，不过是用来换取私利的东西罢了，依然是狭隘的。在这种见识下，贬斥名利是理性的，是人类文明的体现。中华文明素来不乏隐士之风，与此有大关系。

　　然而，就像世上还存在社会之利、民族之利、国家之利、人类之利、自然之利这些大我之利一样，名也不仅仅只有小我之名，还有大我之名。所谓大我之名，是指那些与我无直接关系者对于我的评价，从社会、国家乃至全人类，从身前、身后乃至千秋万代。为君子者，当谋大我之利，重大我之名。

不过君子重名，切忌将声名背后隐藏的个人名誉和利益看得过重。尤其是对于"没世之名"，君子看重的是自己的所作所为能不能充分地影响后世，并且反复通过这样的衡量以达到不断鞭笞自己的目的，让自己做得更好一些。当然，君子还看重一点，即后世如果不能给自己一个恰当的评价，使得自己应有的能量无法完全贡献出来，这显然是值得遗憾的。需要澄清的是，这不是一个君子因为自己被社会低估而遗憾，而是为这个社会浪费了宝贵的精神资源而遗憾。这是何等的忧国忧民！千万不要误解了这片赤子之心。

那些把"看透名利"挂在嘴边的人一定没有把名利看透，他们只不过是草率地否定了一切名和利，并借此推脱自己的社会责任而已。要想真正看透名利，就不但要看到私名私利的狭隘性，更要做到把自己的关注点放到大我之名和大我之利上。

|第九章|
君子哉蘧伯玉

【原文】

　　直哉史鱼！

　　邦有道如矢，邦无道如矢。

　　君子哉蘧伯玉！

　　邦有道则仕，邦无道则可卷而怀之。

　　　　　　　　　　　　——《论语·卫灵公》

【释文】

　　史鱼真是刚正忠诚！

　　政治清明他积极有为，政治黑暗他一样挺身而出。

　　可蘧伯玉才是真君子！

　　君子自当精忠报国，但若小人当道该隐退便隐退。

　　明哲保身历来是一顶大帽子，常常扣在那些道貌岸然的儒生头上。可同时也扣在了孔子头上，这就不对了。后人曲解是后人不济，与孔子无干。

对孔子而言，史鱼的忠烈虽然是值得称道的，但就君子而言，蘧伯玉才更胜一筹。

我们历来崇尚牺牲精神，因为中华文明不仅仅是一部发展史，同时也是一部危难史。孔子自不例外。孔子一生都在为实现政治抱负而努力，颠沛流离数十年，从未萌生贪图安逸之念，也未尝将自身安危看得过重。孔子不怕牺牲，但他不鼓励无谓的牺牲。

任何君子品性都是靠智慧检验出来的，也必然是靠智慧去驾驭的。就拿牺牲精神来说，那些平时信誓旦旦谈什么杀身成仁的人往往是沽名钓誉之徒，而那些大难当头不皱眉头就敢于牺牲的人都是经过痛苦而冷静的分析后才做出的抉择。

仕，即为官或从政。君子仕，为国为民也，非为党派之争也。这是君子的价值观决定的。

而所谓"邦无道"，实则是因小人得势引发大规模的政治漩涡导致的。此时作为一个为国为民着想的政治人物应该怎么做呢？我想对此不能一概而论，必须要分情况讨论。如果这股政治漩涡的另一股势力是正义的，那么站在正义这边坚持战斗是理所当然的。可如果这股漩涡完全就是派系斗争，那么"卷而怀之"（即暂时收起自己的志向）有何不可？何必非得陷入那不分是非黑白的政治斗争中去呢？为了一场不正义的战争去牺牲非但是不值得的，而且是愚蠢的。这是君子通过自身的价值判断决定的，是智慧的。

孔子颂扬的任何君子品性都是建立在价值判断的基础上的，也就是智慧的基础上。这在《论语》的通篇中都能感受到。如《论

语·阳货》记载"恶勇而无礼者，恶果敢而窒者"，即阐明了勇敢和果然虽然是好品质，但也是有前提的。

正所谓："君子之于天下也，无适也，无莫也，义之与比。"故有"君子哉蘧伯玉"。

|第十章|

义之与比

【原文】

君子之于天下也，

无适也，无莫也，

义之与比。

——《论语·里仁》

【释文】

君子面对任何事，

不预设一定之规，

一切凭智慧决断。

都说"具体问题具体分析"是马克思思想的灵魂，可这在中华传统文明中向来不陌生，"义之于比"就是具体问题具体分析的另一个版本，亦可谓我们土生土长的智慧之魂。

《论语·阳货》里记载了这样一个故事。当时一个叛乱头子叫佛肸，欲召孔子辅佐，孔子是想去的。但学生子路因为不理解

就跳出来反对，说："我曾经听您说过，君子不会与那些卷入坏事的人为伍，可是今天你明知佛肸在中牟行叛乱之事，却希望投奔过去，这样合适吗？"孔子回答道："我的确说过那样的话。可是我还听说，真正坚硬的物品是磨不坏的，真正纯洁的心灵是染不黑的。我想抓住这个机会，我可不愿意做一个中看不中用的苦葫芦。"从这个故事里，我们看到孔子并没有被自己曾经说过的话所束缚，他根据当下的情形做出了新的判断。毕竟，任何感悟或者道理都是有其背景做支撑的，不是放之四海而皆准的。难道孔子还不明白这一点？

任何被证明行之有效的道理和规矩（以下简称"礼法"）都是智慧的产物，也必然要靠智慧去驾驭，照抄照搬非但不能发挥出应有的作用，还往往会反受其害。那些试图去遵守礼法，可是又不注重礼法背后之精神的人是多么可笑。而那些试图去教育别人遵守礼法，却又不能阐明礼法精神的人则是在误人子弟，只会让一些人抗拒礼法，而让另一些人拘泥于礼法。

真正的人生是没有剧本的，也不需要表演给谁看。礼法是文明这个大宝库里最能体现人类智慧的东西，是赋予每一个人的精神财富，而不是束缚。我们要灵活地运用礼法，成为礼法的受益人，而不是反过来受礼法控制，成为被礼法操控的木偶。记载在《史记·商君列传》里有一段话说得好："智者作法，愚者制焉；贤者更礼，不肖者拘焉。"

一个武术家只有当他在学习或教授某套拳法的时候会摆弄拳谱，除此之外，他是不会受拳谱约束的，健身时随心所欲，搏击时眼里更是只有对手而不会有拳谱；一个好的法官在断案的时候会更加注重法律的精神，而不是受制于某一条某一款；一个数学家对于那些五花八门的公式名称，可能还没有一个中学生记得多，但这不妨碍他灵活地运用那些公式；一个职业围棋选手对其已经领会的定式或许早就遗忘了；一个厨师在做菜的时候不会念叨着菜谱；一个称职的司仪或主持人会根据场上的气氛来引导进程，而不会纠结于既定的程序；一个作家在自由创作的时候眼里是没有体裁的；一个游泳运动员在逃生或救人的时候是不会注意自己的泳姿的；一个没有交流障碍的人在说话的时候是不会顾及语法的……

　　所以，那些老是提醒自己该怎么做的人其实还不知道怎么做，那些把公式、程序、法则这些记得一字不落的人其实还没有真正理解这些公式、程序或法则。而恰相反，那些真正领会了礼法精神的人在运用这些礼法的时候通常已经忘记礼法为何物了。

　　最后强调一点，我们在研究或学习礼法的时候，记忆当然是必要的，但最要紧的是领会礼法背后的智慧，即其价值取向和价值判断。

君子文化

|第十一章|
君子惠而不费

【原文】

　　君子惠而不费，劳而不怨，

　　欲而不贪，泰而不骄，威而不猛。

——《论语·尧曰》

【释文】

　　君子为政应做到这五点，按经济规律办事，

　　干在实处，不贪功，不自傲，不刚愎自用。

　　政治学堪称中华文明中最为耀眼的学问，古往今来汇聚了太多的智慧。从《尚书》《左传》《战国策》《吕氏春秋》《史记》《资治通鉴》这些史书典籍到《论语》《道德经》《孟子》《大学》《中庸》等儒道经典，蕴藏了无数关于治国平天下的政治思想。不过总体可以分为两大类，一是治理类的，一是斗争类的。

　　儒家崇尚仁德治国，对政治斗争鲜有光明正大的研究。但一个政治家无疑是要懂得政治斗争的，对外可保家卫国，对内则防范小人谋乱。所以，以为政为己任的儒家在这一点上违背了自己所倡导的中庸思想，过于强调仁政、德政，却将必要的斗争思想拒之门外，以至于每逢危难便显迂腐。作为儒家宗师，孔子在关于斗争方面的论述也是乏善可陈。虽然有遗憾，但瑕不掩瑜！

所谓"惠而不费"，如果从今天的角度理解起来就很简单了。要让老百姓日子过得好一些，靠国家施舍或是劫富济贫都不是长久之计，而且危害甚多。物质财富只有靠老百姓自己去创造，才能源源不断，越来越旺。为政者能做的，就是提供正确的价值导向以及营造适合创业的环境。概括讲，就是按经济规律办事。

所谓"劳而不怨"，就是指为政者不要任意调动人力资源，如果要做，必定要做有利于国家，有利于人民的事情。讲白了，就是要干实事，干有意义的事。时下，许多地方的政府部门喜欢干一些浮夸作秀之事，劳而无功则必然劳而有怨。我们国家的体制适合集中精力办大事，只要我们想办的事是利国利民的，大家自然奋勇争先，何来劳而有怨？这在 2020 年起突如其来的新冠肺炎疫情之战中体现得何其充分！

所谓"欲而不贪"，孔子自己的解释（即解释该如何做到这一点）是"欲仁而得仁，又焉贪"，可我认为孔子在这一点上也违背了中庸之道。世上没有至纯至善的东西，无论多宝贵的东西过多了就成了祸害。中庸思想中的"过犹不及"讲的就是这个道理，老子说"天之道，损有余而补不足"讲的也是这个道理。但"欲而不贪"的思想本身是很有价值的，它肯定了人之欲望是正常的而且是必要的，同时还强调了任何欲望都不能过度。生理欲望不在这里多解释，就拿事业上的欲望来说，不管你有多么无私而宏

伟的志向，也不要让自己的上进心发展到"贪"的地步，否则必然是害人害己的。

所谓"泰而不骄"，在前篇已有专门论述，不过从为政的角度考虑在这里补充一些。君子是人之社会性的楷模，按今天的话说，君子就是甘愿为国家为人民做公仆的人。君子当以为国为民谋幸福而感到自豪，但绝不可居功自傲。君子一旦萌生傲气而不自省，其社会性基础就会动摇，其原本具有之君子品性就会崩塌，如山崩地裂，如野马脱缰，君子将不再为君子。

所谓"威而不猛"，是指为政者既要保持自信和定力，又要充分认识到自身的局限性，不能固执己见而刚愎自用。威则易猛，这是君子需要常常警醒和克制的。不过，君子更要懂得威与不猛很多时候是相辅相成的。为政者越镇定、越自信、越有决断力，旁人就越愿意发表客观意见而不敢胡说八道，这样大家秉持公心又交流顺畅，为政者就容易做到心平气和；反过来，为政者越是平静就越能看清自己的弱点，从而能够更加重视旁人的意见，这样做出的决断就更有公信力，从而自己也就越自信，在旁人眼里也越有威信。事实上，猛才是威的克星。一个人能力再强也会因为猛而让自己糊涂，让自己做出愚蠢的决断，从而失去公信力。所以猛到最后一定会演变成别人眼里的狐假虎威，而做到强而不猛才能形成真正的威严。

惠而不费，劳而不怨，欲而不贪，泰而不骄，威而不猛正是2500年前孔子眼中的为政"五美"，放到今天依然适用。

|第十二章|
君子敬而无失

【原文】

君子敬而无失，

与人恭而有礼，

四海之内，皆兄弟也。

——《论语·颜渊》

【释文】

君子心怀敬意就不会冒失，

常与人为善就能和谐相处，

这样走到哪里都不缺朋友。

　　一个人要做到一时之敬或一时之恭都是不难的，尤其是面对那些地位比较高的人，我们甚至不需要做任何调整就能让自己恭敬起来。孔子鼓励"出门如见大宾"，正是因为他看见了人性中都有这样狭隘的一面。但是真正的敬与恭，可不是依着对方的身份去的，正如《易传·系辞》所言："君子上交不谄，下交不渎。"

如果只有当对方地位高于自己时才保持恭敬之状，那就成势利小人了。但如果要求自己完全无差别地对待任何人而无时无刻不保持恭敬，那也是妄谈，因为总有人在有些时候是不值得敬的。对那些不值得尊敬的人保持尊敬只有两种情况，一是无奈，二是无知。所以从中庸的角度看，以上二者皆不可取。那么这个度又在哪里呢？这里插一句关于度的说明，所谓"度"，并不是一个点，更不是什么中点，而是一个相对比较宽泛的范围，既可能偏左也可能偏右，但只要能保持在利大于弊的价值判断上，都可以认为是适度的。

当我们用大我意识去看待自己和看待所有人时，我们会认识到自己和别人其实是一个整体，如果我是需要别人尊敬和善待的，那么别人也是需要我去尊敬和善待的。可见我们应当怀着一颗对任何人都可以去尊敬、去善待的心。但同时，这也不代表我们必须尊敬和善待任何一个人。假如一个人正在干着蠢事、坏事，我们还对其尊敬那不是在玷污尊敬吗？假如一个人已经变成了势不两立的敌人（千万不要因为推崇大我意识就否认敌人的存在），那对其还有什么善待可言？

所以，尊敬和善待也是价值判断的结果，是智慧的体现。真正的尊敬和善待是对大我的尊敬和善待，与对方的身份和亲疏无关，如果你的大我意识够大，这种尊敬和善待甚至与对方是不是人都无关。有谚语说"居高善下真君子"，讲得就是这个意思。

至于到了具体的人或物，我们在待人接物的时候就要分情况了，千万不要滥用敬意和善心，否则就是对敬意和善心的损害，也是对自己的损害。毕竟，"四海之内皆兄弟"是我们做到敬与恭之后可以预期的一个结果，但绝不是我们的目的。

|第十三章|
君子周急不继富

【原文】

　　君子周急不继富。

　　——《论语·雍也》

【释文】

　　君子愿雪中送炭，

　　但不可有求必应。

　　与人为善是对人之社会性的充分肯定，是积极的处世之道，而助人为乐就是其中更为积极的一种。然而愿意帮助人的心态当然是值得肯定的，可是什么忙可以帮，怎么帮，这些都是有讲究的。毕竟帮助人虽然可以体现善心，也可以换取他人的帮助，但不能把体现善心或换取他人的帮助当作是其根本目的。那些仅仅为了昭示善心的行为既假又空，不是真善，更为不智，非君子所为。

　　大我意识下，我们会自觉地把自己看作是社会的一分子，与社会同呼吸共命运，这也正是利他思想的精神支柱。达成这种共

识后大家就会发现，如果身边有人出现了紧急状况，我们出手相助是理所当然的，是符合道义的。所以帮助一个看起来不相干的人，其实就是把自己与社会紧密地联系在一起，是实现个人社会性价值的体现。"帮助"这种行为，从道义上说和不去偷、不去抢是等价的。所不同的是，帮助是在创造社会价值，而不违法犯罪则是在维护社会价值。

但并非任何形式的帮助都能创造社会价值，不当的帮助反而会损害社会价值。比方说，如果我们去施舍一个有自食能力的人，那就等于鼓励不劳而获；如果我们去资助一个挥霍成性的人，那就等于鼓励浪费；如果我们去帮助一个考试作弊的孩子，那就等于鼓励不公平竞争；如果我们去帮助一个罪犯逃跑，那就等于鼓励犯罪。

真正的善心和善举，必须是以有利于社会价值为宗旨的。那种不分是非的有求必应是滥好人的行为，绝非善举。

君子，四海之内皆兄弟，更要把握住善心的真义，否则就极有可能滥用善心。大体而言，君子在行善时要牢牢把握住一点，即老子所推崇的"损有余而补不足"，切莫倒行逆施，做出那"损不足而奉有余"的事。

|第十四章|
君子一言驷马难追

【原文】

驷不及舌!

——《论语·颜渊》

【释文】

说出去的话是追不回来的!

言,即语言表达,以前只有口语的和书面的,现在还有电子的。

所谓"君子一言驷马难追"是提醒君子当慎言,但不是鼓励人们讲话应该吞吞吐吐、欲说还休,更不是企图因噎废食而唆使人们噤若寒蝉,把话烂在肚子里。君子慎言其实是告诫人们要重视自身言语的后果,千万不要图一时之快而说出那些追悔莫及的话来,到头来害人害己。

自由的人首先应当言论自由,但从为人为己考虑,也从人之社会性的角度考虑,有两种话是不合适说的。一是做不到的承诺或缺少依据的言论,即大话、空话。说这种话时洋洋洒洒,殊不

知自己正在因此而丧失诚信；二是容易使人产生猜忌、愤恨、嫉妒这些负面情绪的话语。也许说者无意但听者有心，这种话一旦说出来很可能破坏人际关系，正所谓"祸从口出"。越是有影响力的人，这两种话越是不能说，君子自然不例外。

对诚信的重视，古今中外是高度一致的，有很多典故或寓言可以佐证，如曾子杀彘、一诺千金、烽火戏诸侯、南门立木、狼来了，等等。其中有一些是为了诚信而诚信，当然从为政的角度来讲这种做法可以立竿见影，是无可厚非的。但是从个人修为的角度看，如果我们等到发现自己的诚信度已经捉襟见肘了再采用投机取巧的方式进行弥补，尽管这或许依然有效，但绝非君子所为。

在这个市场经济时代，有君子志者尤其应当把诚信看作是千金不换的立身之宝，因为诚信真正的价值和功用绝不是在交易中体现出来的。

至于祸从口出的案例更是比比皆是，什么杨修之死、高洋灭元氏、平原君杀爱妾、项羽烹谏、梁冀弑帝等这些历史故事自不在话下，就算发生在自己身边的事，细细想去也必定有那么几件是让人脊梁骨发凉的。当我们深刻反省自己曾经的不当言论有可能造成的恶劣影响，并且为这些恶劣的影响还没有对自己构成致命的威胁而庆幸时，其实我们更应当为自己的人微言轻而感到庆幸。如果这样去看问题，我们就会明白什么叫"高处不胜寒"，什么叫"伴君如伴虎"。同时也就能够明白名利地位这些看起来令人希冀的东西，对于那些不懂得谨言慎行的人而言很可能就是将之埋葬的墓穴。

当然，那些为国为民，为大我之利冒死进言的行为是值得尊敬的。

|第十五章|
君子藏器于身

【原文】

　　君子藏器于身，待时而动。

——《易传·系辞传》

【释文】

　　君子不露锋芒，该出手时方出手。

　　"器"，即特长或能力，也包括可以调度和运用的一切资源。

　　"时"，事物变化趋势的关键时点，可以理解为"时机"。

　　每个人在成长的过程中总会有些侧重点，这些侧重点发展到一定程度就有可能形成特长，而如何看待和运用自身特长则是判断一个人的人之社会性特征的重要标准。如果把特长比作美玉，那么用朱熹的话说就是：有的人"以石为玉而又炫之"，而君子则"抱美玉而深藏不市"。

　　涉世不深的人往往好出风头、喜欢炫技，以此享受旁人的喝彩。应该说，每个人都会经历这一阶段。

随着人生阅历的不断丰富，我们会发现所谓的特长都是相对的，在有的场合下是特长，在有的场合下可能就显得普通，甚至是粗鄙，即旁人眼中之雕虫小技尔。同时我们还会发现，有时候发挥特长会起到正面的效果，但有时候则不然，弄巧成拙有之，贻笑大方亦有之。这一阶段会分化出两种人，一种是外向肤浅的，即藏不住本事的人；还有一种人内敛深沉，知道本事是把双刃剑，不能任意发挥。

当一个人充分融入社会后，那些已经养成内敛深沉之性的人在能力成长方面会由于人生观的差异继续分化。其中消极的人会渐渐走向闭塞，从而停止对自身能力的追求而变得越来越平庸。但积极的人会逐步进入开放的思维状态，并且懂得努力开拓自身的能力使自己变得越来越高超。而在具备某些高超能力的那些人里面又会因为价值观的不同产生进一步分化，其中持利己思想的人会为了小我之利拿出看家本事，而持利他思想的人更愿意为大我之利施展才华。

君子是人之社会性的典范，一来凭借积极的人生观培养各种能力以备不时之需，同时也懂得深藏不露的道理，既可安于淡泊，又可避免诸多无妄之灾；二来秉持利他的价值观和"义以为上"的大智慧，时刻保持对周围重大事物变化趋势的判断力，平时养精蓄锐，一旦发现时机便可顺时而动、果断行事。

可见"藏器于身，待时而动"者并非都是君子，但君子应当做到"藏器于身，待时而动"。

|第十六章|
以天下为任

【原文】

夫贤人君子，以天下为任者也。

—— 西汉·桓宽《盐铁论》

【释文】

能人和君子应以追求社会价值为使命。

所谓"以天下为任者也"，即以提升社会价值为己任。君子，以追求个人价值为立身之基础，以追求社会价值为人生之使命。

价值分物质财富和精神财富，其中物质财富是基础，精神财富是根本。个人价值的基础由个人健康水平、经济水平以及社会关系组成，而其根本则是对人类文明的继承能力和创新能力，具体体现在智力水平、三观（世界观、人生观和价值观）境界和哲学能力（否定和自我否定的能力）上。社会价值的基础是物质文明，即物质世界、生产力中的物质部分以及生产关系，其根本则是精神文明，主要包括意识形态文明、社会文明和科技文明。

君子追求个人价值，其目标应当是以健康的身体、稳固的经济保障能力以及和谐的社会关系为基础，尽可能地通过强化和运用哲学能力去发展智力、拓展三观。君子在努力实现个人价值的过程中必然会脱颖而出，甚至显得超凡脱俗。但有君子志者切不可因个人价值的优越性而满足，务必要牢记实现社会价值才是一个君子真正的人生使命。

君子追求社会价值，应以社会价值中的根本价值——精神文明为目标。因为物质文明的重建是指日可待的，但精神文明一旦丧失，人类文明便失魂落魄，没了根本。至于君子追求精神文明具体的实践路径，我想大致有这么三个方面：

在培养意识形态文明方面，可以效仿孔子为人师，也可以效仿老庄著书立说；在发展社会文明方面，可以像范仲淹、于谦那样积极从政，也可以像李冰、张仲景那样投入到实干领域，还可以像苏轼、鲁迅那样进行文学创作；在拓展科技文明方面，则可以像张衡、祖冲之那样研究理论知识，也可以像苏颂、沈括那样进行发明创造。总而言之，君子在实现社会价值方面的路径是很多的，但不要求面面俱到，只要找到适合自己发挥的领域就可以充分投入进去。

所谓"贤人君子"，如果非得给二者做个区分的话，不妨这样看：贤人和君子的区别是，贤人不像君子那样把发展精神文明当作人生的目标来追求，贤人更注重物质文明的积累，如范蠡、胡雪岩之类。而圣人，或许可以看作是有较高地位的君子吧。

在历史上被铭记的君子，大多是在国家人民陷于危难的时候才体现出他们做君子的价值。但事实上，那些在和平时期默默奉献的君子大有人在，他们的价值也应当彰显。

|第十七章|
谨其微而治之

【原文】

圣人之虑远，故能谨其微而治之；

众人之识近，故必待其著而后救之。

治其微，则用力寡而功多；

救其著，则竭力而不能及也。

—— 司马光《资治通鉴》

【释文】

智者善于为长远利益作打算，所以能够将那些尚未为祸的隐患排除掉；常人因为更关注眼前利益，所以只有在祸患发生后才想尽办法去拯救。重视隐忧，可以轻易地将祸患消灭在萌芽中；补救祸患，往往是疲于奔命却难免受到重挫。

《论语·卫灵公》中孔子有言："人无远虑，必有近忧。"当然，即使有远虑的人也难免有近忧，毕竟"智者千虑必有一失"。不过善远虑者必少近忧，这是肯定的。

所谓"远虑"，即为长远打算，是一种未雨绸缪般的价值取向。而忧患之事，其中骤然发生的少之又少，大多是日积月累而成，即所谓"冰冻三尺非一日之寒"。以个体发展而言，如果养成规律作息、定量饮食、饭后刷牙、适量运动这些好习惯则延年益寿可期，且能免受病痛之患，远胜过访神医吃名药；如果养成常学习、常思考、常反省、常求教这些好习惯就能与时俱进，免受狭隘之患，远胜过拜名师读圣言。以社会治理而言，如果依发展规律、重法治道德、讲公正公平，就自然能够富足、和谐、安定，免受动荡之患，又何须管仲、诸葛亮力挽狂澜？如果重教育、重人才、重知识，就自然能够持续健康发展，免受停滞之患，又何须贞观之治？如果走开放包容、文治武功之道，就自然能繁荣强盛，免受内外交困之患，又何须维新变法？故"救著"为末，"治微"是本，重"救著"而轻"治微"是舍本逐末。

一个人要充分认识到远和近、微与著的关系就必须在个体实践中注意汲取社会文明的经验和教诲，所谓"不听老人言，吃亏在眼前""听君一席话，胜读十年书""前车之鉴，后事之师""以史为镜，可以知兴替；以人为镜，可以明得失"，讲的都是这个意思。

具体来讲，远和近是价值取向的问题。注重长远利益的人，会建立起诚信、守法、务本、利他这些与社会文明发展相一致的价值观，避免干出背信弃义、伤天害理、杀鸡取卵、损人利己的事情来。而微与著则是价值判断的问题。有的人习惯为蝇头小利殚精竭虑，常常干出顾此失彼、因小失大的事还沾沾自喜；有的人过于谨小慎微以至于杞人忧天，也会常常干出顾此失彼、因小失大的事却振振有词；但更多的人会忽视那些看似微不足道的利或弊，既不懂"合抱之木，生于毫末"的道理，也不懂"千里之堤，溃于蚁穴"的道理。很多人即使明白了微与著的关系，能做到见微知著，但往往也会因为看不到"治其微，则用力寡而功多；救其著，则竭力而不能及也"这一点，而无法做到防微杜渐或积微成著。

其实，任何人只要树立起符合社会文明的价值观，注意在实践中提高价值判断的能力，就不难厘清"远近微著"的关系，更不难做到"谨其微而治之"。何况君子乎？

|第十八章|
君子有三乐

【原文】

君子有三乐，而王天下不与存焉。

父母俱存，兄弟无故，一乐也；

仰不愧于天，俯不怍于人，二乐也；

得天下英才而教育之，三乐也。

——《孟子·尽心》

【释文】

君子要懂得这三种快乐，不要稀罕做什么主宰。

一是家人安康，二是问心无愧，三是传播文明。

君子当有"平天下"之志，但绝非妄图做天下的主宰，而是要做一个"以天下为任者"，以天下之利益为利益。也就是说，君子要做一个服务于天下的人，而不是做一个让天下人为其服务的人。即所谓"王天下不与存焉"。

所谓"君子有三乐"，是孟子从人之社会性的角度提出来的，是一个人具备了足够的社会性之后才能理解的。不过，这里的重点不是去分析这三种快乐的具体要素，而是要明白这三种快乐分别代表了人之社会性的三个层次。

最浅层的是"父母俱存，兄弟无故"，也可以引申为家人安康。很多人以为为家人安康感到快乐是一件自然而然的事，其实不然。一个尚未懂事的孩子，或者一个只知道把家庭作为自身保障的人是不会真正懂得这种快乐的。反过来讲，他对家人的担忧归根结底也不过是对自己的担忧而已。只有当一个人懂得去为家庭付出，即为家庭提供保障的时候，他才会真正为家人的安康感到快乐。事实上，这也就意味着他已经真正融入家庭了，同时也就意味着他开始融入社会了，因为家庭是最小的社会。

当一个人不仅融入家庭这个小社会，还开始融入大社会后，他就有可能树立起大我意识，培养出超越小我之利的价值观和人生志向。正如张载在其《横渠语录》中所言"为天地立心，为生民立命"。如果他做到这一点，他就会乐于做一个"仰不愧于天，俯不怍于人"的人，也就意味着他不但充分融入了社会，并且已经成长为社会的栋梁。这也就是孟子认为的人之社会性的第二个层次。

当然，人之社会性的最高层次是"得天下英才而教育之"，即希望以高度发展的个体文明回馈全社会，拔高人类整体文明，造福子孙后代。这也就是《横渠语录》中的另外两句话——"为往圣继绝学，为万世开太平"的含义。一个充分融入社会的人，如果他进而懂得不断汲取社会文明以及积极贡献社会的意义，那么他将会继续成长为一个个体文明高度发展的人。这样的人不正是君子吗？

| 第十九章 |

不为小人之匈匈也辍行

【原文】

    君子不为小人之匈匈也辍行。

——《荀子·天论》

【释文】

    君子凭价值判断行事，

    不受困于外界的干扰。

    在日常的学习和思考中，我们应该多听多看多反省，从而达到不断破除狭隘、提高认识的目的。但在行为处事时，我们必须以自身的价值判断为依据，不能轻易受外界的鼓噪便动摇了自己的判断。君子应当明白，智慧从来不是建立在别人之判断上的，哪怕是借鉴圣人（尽管从来不存在圣人）之言，也必然是先理解之，然后方可实施的。

    人之社会性往往会影响人的独立性，但这不是我们否定人之社会性的理由，而是告诫我们应该对人之社会性有更清晰的认识。

任何一个人生下来后都必须融入社会，通过享受人类资源和吸收人类文明使自己变成真正的人。有一种猜测说地球上可能在某处幸存着外星人，我想即使这种猜测成立，那么这些外星人因为没有受其文明的滋养，一代代传承下来后早就沦为动物了，充其量就是老家在外星的地球动物。

正所谓青出于蓝而胜于蓝，人不但要在社会中成长，还要争取使自己蜕变成能够引领社会发展的一分子。要做到这一点，就要求我们在社会化的过程中渐渐把形形色色的社会判断、个人判断进行吸收消化，转而培养出自身的价值判断能力，然后学会依靠自己的判断行事，最终成为一个相对独立的有主见的人。

当然，靠自己的判断行事并不代表固执己见。事实上，对自己的任何判断都保持一份审慎的态度是明智的，而在实践的过程中根据事态的发展或自身认识的变化及时调整原有的判断同样也是明智的。因此，外界的反馈信息并不总是干扰源，有时候也可以帮助我们重新做出更加符合实际的判断。

但是有一种声音我们一定要注意鉴别，那就是荀子所谓的"小人之匈匈"之言。君子因价值观和价值判断异于常人，故其行事在外界看来往往特立独行，容易引发旁人议论。对于那些价值观非常狭隘的人而言，君子的行为往往是不可理喻的。故而曲解之声，嘲讽之声，甚至诋毁之声都会在君子周围萦绕不绝，有的直言不讳，有的含沙射影，有的藏在心里却写在脸上，君子不可能感受不到。不过君子只要对自己的判断保持自信，就不会被这些

明的、暗的声音所干扰,更不至于改弦更张而随波逐流。即所谓"君子不为小人之匈匈也辍行"。

　　君子之路注定不是一条世俗路,既要学会享受不平凡,更要学会享受一路上的孤独。

|第二十章|
君子报仇十年不晚

注：该语多有引用，但出处不详。

典故：《史记·范雎蔡泽列传》

大意：秦王三十六年，范雎遭人陷害，

魏齐疑他谋反，使舍人笞击雎，折肋摺齿。

后范雎游说秦王，受大用。秦王四十六年，

范君之仇魏齐怒而自刭，此仇得报。

斗争基因是人之动物性的，但却是人之动物性中少有的必不可少的存在。人不可能没有敌人，就算人类世界已经消除了敌我之争，可还有广袤无垠的宇宙，谁能料到那里面还隐藏着什么样的敌人？

喜欢报仇的人往往不是君子，但不懂得报仇的人也做不了一个真正的君子。因为在小人和敌人面前讲君子品性，那不是君子，是傻子。而如果在小人和敌人面前一味委曲求全、明哲保身，那更是为虎作伥，何来君子可言？所以君子要懂得斗争，并非因为喜欢斗争，

君子文化

而是出于保护自己、保护社会的需要，也是人之社会性的要求。

君子是人之社会性的典范，愿意与整个社会为善，但这不代表整个社会都能与之为善。当然，一些磕磕绊绊的事常有，不应以敌我相对。毕竟，睚眦必报绝非君子所为。只要是在大是大非面前愿意同仇敌忾的人，哪怕平时有再多怨恨，都不可以仇人相待。然而就是有那么一些人，生怕君子误了他的好事，宁愿与豺狼为伍，干出那伤天害理之事。这种小人不可不防。还有更原则性的情况，即因此社会与彼社会势不两立，导致你死我亡已成必然。在这种情形下能怎么办？你再君子也只能将对方往死里干，除非双方相互敌对的局势发生改变。

所以，社会和谐固然是君子的志向，但不懂得斗争就难免被社会淘汰。一个被社会淘汰的君子，再有本事，除了有些抱怨之外，还能做什么？

因此，明白了君子也需要斗争，又明白了什么样的仇是君子的仇，我们就有资格进一步来讨论怎么报仇了。所谓"君子报仇十年不晚"，讲的就是斗争的心态与策略问题。正所谓"他强由他强，清风拂山岗；他横由他横，明月照大江"。有时候，敌人占了上风，该低头就低头。韬光养晦、择日再战，有何不可？

当年孙膑被小人庞涓所害，隐忍逃到齐国，给田忌做军师。十二年后，孙膑设计助田忌大破庞涓率领的魏军，逼得庞涓自刭，死前恨恨然留下"遂成竖子之名"的感叹。又如蒲松龄在其落第后写的《自勉联》中道："苦心人，天不负。卧薪尝胆，三千越甲可吞吴。"曾为阶下囚的越王勾践尚能灭了吴王夫差，还有什么仇是报不了的？

第五篇

君子之辨

　　这一篇中的君子，主要是指那些有君子之志者，并且已经具备了比较丰富的君子品性之人。而所谓的"君子之辨"，就是培养对君子的审美观和鉴赏力，这既是为了防止被小人欺骗，也是为了使自己更接近君子。其中应以辨别是否具备君子之志为核心。

|第一章|
君子者乎

【原文】

论笃是与，

君子者乎，色庄者乎？

——《论语·先进》

【释文】

能把话说得堂堂正正当然很出彩，

但这样就是君子了吗？不一定吧！

君子风采是很吸引人的，许多人会揣摩其中的奥妙，甚至刻意模仿，应该说这是好事情。在君子品性这个问题上没有"知识产权"之说，我们可以去借鉴和学习别人，同样别人也可以来向我们取经，当然前提是他们要看得上。不过既然是模仿或学习，那么难免就有知其然不知其所以然的可能，也就难免会貌合神离，这都是正常的。但怕就怕这世上存在那些志向不在君子上，却又想冒充君子做欺世盗名之事的人。这样的人越懂君子就隐藏得越

深，对社会的危害就越大。要论假冒伪劣之痛，以伪君子为最！

　　君子想做的事，小人未必肯做，即使去做也是敷衍了事；君子会说的话，小人却一样会说，而且可能说得更漂亮。正如《论语·宪问》有言"君子耻其言而过其行"，而《孔子家语·颜回》中也道"君子以行言，小人以舌言"。故《论语·公冶长》里记载了孔子这样的感慨："今吾于人也，听其言而观其行。"的确，不管是遇人不淑，还是错过贤人，都是生命中令人无比感伤之事，有时候可能人生的轨迹也因此改变了。

　　所谓"色庄者"，是指样子上看起来有君子相的人，但我们不能仅凭样子像就直接做出判断，还是要在心里打个问号的，所以就成了"色庄者乎？"要进一步加以判别的话，最好的办法就是对他们的言行进行比照，凡是那些说一套做一套的人，我们就要注意了。事实上，我们能找出身边的小人就意味着我们已经初步具备识别人的能力了，但如果我们还能够判断一个人离君子有多少差距的话，那我们就有可能在与某君子不期而遇时避免与之失之交臂。

　　可以借鉴一下孔子的识君子之道，看看记载在《论语·子路》里的这句话：

　　"故君子名之必可言也，言之必可行也。君子于其言，无所苟而已矣。"

|第二章|
先行其言而后从之

【原文】

　　子贡问君子。子曰：

"先行其言而后从之。"

——《论语·为政》

【释文】

　　当学生子贡问如何做君子，孔子回答：

不论多么有意义的事情，先做了再说。

　　每个人都会有一些能够令人心潮澎湃的想法，这是人类伟大之处。有的人就喜欢想想，但不愿意实践，可能怕输不起，可能怕出风头；有的人不光喜欢想，还喜欢宣扬，享受那种被人侧目相看的感觉，但自己激动一番后可能还没怎么实践呢就熄火了；有的人敢想敢做，不过这里面很多人喜欢先说再做，大概是在给自己施施压、鼓鼓劲，但有的人明白再好的想法也可能是不切实际的，行得通了再说不迟；还有的人暗暗地想、悄悄地做，不管做成了什么也不愿意分享自己的经验。不管说还是不说，做还是不做，喜欢想总比不

想好。人类较之于其他生命的不同之处，首先就在于人类会想。

不过从做君子或识别君子的角度去看，确实只有那种把好事做成了再行分享的行为是符合君子品性的。君子做任何事，除了事情本身的目的外，后面都隐藏着另一个宏伟的目的，那就是把做事当作是一次实践。也就是说，一件事成与不成往往不是最重要的，最重要的是在做的过程中其所见、所思、所为能给自己带来的积极变化。诸葛亮《诫子书》中言："夫君子之行，静以修身，俭以养德。非淡泊无以明志，非宁静无以致远。"其中所谓的"淡泊"，最要紧的就是不要对眼前的成败、得失、毁誉投入过多的情感。而反过来讲，如果把志向放长远，就自然而然能用平静的心态看待眼前的经历。正所谓"风物长宜放眼量"。

那种做之前就信誓旦旦或兴奋不已的行为，其背后就是过分看重结果的心理在作怪，这种状态下，莫说很难做成事，就算做成了给自己带来的思想变化很可能也是负面的，只是自己沉浸在喜悦中不自知罢了。所以有了做一件事的想法后，应该尽量让自己专注于事情本身，不要被事情可能带来的结果所干扰，唯有如此，一方面把事做成的概率会变大，另一方面在做的过程中会收获更丰富的体验，而且即使没有把事情做成也不会令自己陷入消沉。

应该说，通过观察一个人怎么看待自身的得失是最容易鉴别其当前的志向和人品的。至于该不该分享做事的体验，从君子的角度来说，对经验秘不外传显然也是一种自私自利的行为。因为文明是双向的，不能只知获取不知回馈，做成了应该分享一下成功的经验，做不成了也可以分享一下失败的体验。但那种炫耀式的分享显然不是君子所为。

|第三章|
舍曰欲之而必为之辞

【原文】

君子疾夫舍曰欲之而必为之辞。

——《论语·季氏》

【释文】

每每想要却找借口的行为是君子所不齿的。

欲分两种，正当的和过分（即非当）的。

有君子志者，首先应当对自己萌生的过分之欲及时警醒并加以克制，一旦被欲望牵着鼻子走则已违君子之道，如果再为了实现欲望找来各种借口以自欺欺人，便是自陷于无耻之境。而对于正当的欲望我们也不需避讳，饿了想吃、困了想睡这些都是人之常情，尽可以大大方方些。只要欲望正当，方式合理，便不失堂堂正正之相。

但世人更多的是借堂堂正正之相以求过分之欲，其中有对其欲之过分而不自知者，有刻意掩饰其过分之欲者，前者为愚，后

者为奸，皆为君子疾。

然辨君子者，重其欲不重其辞。欲大我之欲，辞（非推辞之意，乃托辞之谓也）之亦善；欲小我之欲，正当之欲者以不辞为善，以辞为不善；非当之欲，不辞为不善，辞之为恶。

君子不欲非当之欲。

可是有的时候，很多社会责任已经演变成某些人眼中的权力或欲望，对那些人而言这当然是非当之欲，但归其本源这在君子眼里依旧是一份责任。如此背景下，君子欲担社会之责任却被许多人视为非当之欲，这叫人情何以堪！故此，君子欲挑大担，也必辞让。非胆怯也，无奈也。

滑稽的是，君子无奈之举却被小人竞相效仿，以为辞让的就是君子的。东施效颦！哎，人之不智至如此，也是可叹！

| 第四章 |

君子易事而难说

【原文】

君子易事而难说也，

说之不以道，不说也，

及其使人也，器之；

小人难事而易说也，

说之虽不以道，说也，

及其使人也，求备焉。

——《论语·子路》

【释文】

君子共事易，但悦之则难，

他们不为花言巧语而欢喜，

但若用人有可用之处便用；

小人共事难，然悦之却易，

甜言蜜语足以令其不自矜，

可他们用人倒是责备求全。

君子把自己的私欲控制在很低的水平，以至于往往在旁人看起来是无欲无求的。一个不在乎私欲的人在与人相处时自然就不会有那么多计较。而君子同时又是那种有强烈社会责任感的人，也就是追求大我之欲的人，所以君子与人相处时习惯于替周围人考虑，想人之所想，急人之所急，这样的人与之共事还有什么困难吗？除非是大的目标出现了严重分歧。可如果那样的话，君子也就不会与分歧者共事了。

同样的，因为君子不以满足私欲为目的，所以那些能够赢得一般人欢欣雀跃的言语行为君子见了却无动于衷。正如《庄子·山木》中所言："君子之交淡若水，小人之交甘若醴。"君子不光与君子之间的交往是很平淡的，和几乎所有人交往都是平淡的。当然，这并不是说君子是心如止水的，只是因为他的心境太过宏大，志向太过辽远，以至于很难有人能够与之共鸣。哪怕是两个志向同样深远的君子相互遇见，对于共鸣而言也是可遇而不可求的。

君子是懂得人性之狭隘的。所以君子欲与人共事，不会要求对方和自己一样，也不会给对方提出过多过高的要求，只要看到他在某方面对做事有帮助就可以与之共事。即所谓"及其使人也，器之"。

而小人恰相反。他们平时以私欲各投所好而相互取悦，一旦触及责任的分担便开始相互推诿，若是见了权力或利益更是钩心斗角起来。况且这些人几乎不对自己提要求，在做事的时候却要求别人尽善尽美，稍不如意便大加挑剔。所以这样的人无事时一团和气，看起来好相处，实则极难与之共事。

| 第五章 |

君子上达

【原文】

　　君子上达，

　　小人下达。

——《论语·宪问》

【释文】

　　君子开发人之社会性的潜能，

　　小人谋求人之动物性的满足。

　　人性是人之动物性和人之社会性的综合。

　　人之动物性是以维系个体生命为基本的，是原生态的并且是正当的，但在自身意识的助推下会发展出自私、贪婪、懒惰、忧惧、虚妄、多疑、妒忌、纵欲、残暴这些充满动物性的精神特质，人在这些精神特质的驱使下会形成以金钱、权力、私欲为核心的价值观。而这类价值观的强化又会反过来进一步强化上述精神特质。

　　人之社会性是以维系社会文明为前提的，是在外界环境与自

身意识的共同作用下形成的，其发展前景主要取决于当前社会环境下的文明程度以及自身的觉悟。在中华文明的引导下，我们任何人只要经过思考和实践都有可能发展出利他、节制、努力、豁达、真实、自信、友善、淡泊、勇敢这些充满社会性的精神特质，并且由此形成以民族文明、人类文明乃至世界文明等大我利益为核心的价值观。

所以，人的精神特质和价值观既受到人之动物性的影响，也受到人之社会性的影响。应该说，一个人在早期阶段的精神特质会明显偏向动物性，但随其慢慢融入社会，社会性的精神特质就会逐渐建立起来。而一个人的价值观到底是偏动物性还是偏社会性，将会决定他待人接物和行为处事的风格和方法，也即所谓的"人品"。

所谓"君子上达"，就是要求和鼓励有君子志者要不断发展人之社会性，从而得以摆脱人之动物性的束缚，最终使其精神特质和价值观由人之社会性来主导。《论语》里记载了许多关于君子上达的具体要求，如"君子不忧不惧""修己以安百姓""君子博学于文，约之以礼""言思忠""事思敬""见得思义""行己也恭""恶居下流而讪上者""恶徼以为知者""恶不孙以为勇者""恶讦以为直者"，而其他典籍里记载的就更多了，如"君子立德""君子暇豫则思义""君子挟才以为善"……

当我们通晓了"上达"的积极意义，那么对"下达"的弊害也就看清楚了。这倒如朱熹所言："君子浩然之气不胜其大，小人自满之气不胜其小。"尽管世上没有完美的君子，但我们要对那些在主观意识上有"上达"精神并愿意付诸实践的人给予更多的关注和支持，只有他们才可能成长为未来的君子。

| 第六章 |
君子之道

【原文】

君子之道，

孰先传焉？孰后倦焉？

譬诸草木，区以别矣。

……

有始有卒者，其惟圣人乎？

——《论语·子张》

【释文】

君子传道授业也是因人而异的，

有的不厌其烦，有的顺其自然。

学生有可培育的，有长不大的，

只有圣人能无差别一直教下去。

孔门有个子游，有个子夏，子游讥笑子夏的那些早就进了师门的学生也只懂得一些关于扫洒应对的表面功夫。子夏知道子游其实是笑话他这个当老师的只知舍本逐末而误人子弟，于是就说

出了"譬诸草木,区以别矣"这个教学理念,从中表达了两个意思:一是有的学生本来就是教不了的;再就是只有圣人才能把任何人都当作人才来培养。

应该说子夏的话讲得比较现实,很多人听了会不乐意,但其实他的话大体上还是遵循了老师孔子的理念。《论语·雍也》记载了孔子的话:"中人以上,可以语上也;中人以下,不可以语上。"可见,孔子也认为并非所有入了师门的人都应当无差别地去对待,对那些资质好的学生可以把本质性的道理教给他们,而对于那些资质不够的学生,就不要在这个上面白费工夫了(言下之意是说教一些表面功夫就可以了)。

关于在潜能或资质上将人区别以待这个问题,我们一定要正确认识,否则在理解上稍有偏差就会产生截然不同的效果。

从教师的角度来看,为了提高教学效率以及改善教学效果,教师根据学生的接受能力赋予不同的教学期望并施以不同的教学方法,这种因材施教的做法从总体上而言是利大于弊的,是智慧的。这种智慧不仅是出于对他人局限性的认知,更是出于对自我局限性的认知。毕竟明知不可为而为之的做法,不管你的动机有多么高尚那都是剑走偏锋的,并非正道。

而从学生的角度来看,尽管每个人早期展示出来的天赋不尽相同,有的甚至看上去非常愚钝,但是我们一定要相信人的潜能都是可以无限挖掘的,千万不要因为别人(哪怕是你尊敬的人)低看了你就把自己放弃了。也许那些看上去聪慧的人在人生路上会有更多的人愿意帮助他们,但真正出类拔萃的人生绝不是依赖外界的提携而造就的。要知道,虽然社会文明是一个人成长的前提，但决定性因素却在其个人。

　　欲为师中之君子者必明此道，然后可以趋利避害，切勿因己之狭隘而伤人，甚至废人。

|第七章|
君子爱人以德

【原文】

　　君子之爱人也以德，

　　细人之爱人也以姑息。

　　　　　　　　　　　　　——《礼记》

【释文】

　　君子的爱是希望对方在思想行为上符合道义；

　　一般人的爱通常只顾及对方当前的内心感受。

　　爱是这样一种情感：希望对方好并愿意为对方付出。

　　应该说爱是人类与生俱来但并非独有的，因为我们可以从许多动物身上观察到这种情感。所以，爱是人之动物性的一种体现。但是人类的爱已经从人之动物性延伸到人之社会性，已经成为人之社会性中的重要组成部分。我们可以通过以下几个角度来考察爱：

　　根据所爱对象不同，爱有私博之分。私爱的对象是亲近的人或物，是特定而狭隘的；博爱是维系社会的需要，其对象是抽象的概念，是泛指的；

根据所爱程度不同，爱有薄厚之分。爱愈厚，期望与付出的情感越深，爱到最深处，甚至可以为其所爱而付出一切。反之，再薄的爱至少应心存善意；

根据爱的期望不同，爱有小大之分。期望越大，对对方的要求越高。反之，没有任何要求的爱是最小的爱，即溺爱；

根据爱的付出方式不同，爱有冷暖之分。暖爱是爱得明显，以此让对方感受到爱。而冷爱比较怪，为了避免爱得浮夸而刻意选择了一种看起来很酷的样子，但往往内心是火热的；

根据爱的要求不同，爱有正邪之分。对对方的要求越符合道义，爱越正。反之，由于施爱之人本身价值观不正，而导致其对对方的要求或施爱的行为与道义背道而驰，此爱便成邪恶之爱。

爱与恨是两种截然相反的能量。总体而言，恨是割裂人际关系的力量，是负能量；而爱能够让人与人、人与社会乃至人与世界紧密相连，是正能量。然而就如恨在某些情况下可以成为正能量，爱这种能量也并不总是与文明发展的方向一致，有些爱也会带来负能量。如邪恶之爱，爱之愈博、愈厚、愈大、愈暖，则愈可怕。

君子之爱，有私爱亦有博爱，而博爱的高度取决于其大我意识的高度；有薄爱亦有厚爱，故有"泛爱众，而亲仁"；有大爱有小爱但绝无溺爱，君子之爱必有所期；有冷爱亦有暖爱，冷对亲则亲不厌，暖对疏则疏不怨；有正爱而无邪爱，"爱人以德"之为正，常常内省则可去邪。

所谓"仁者爱人"，此"爱"必为君子之爱。

|第八章|
竹色君子德

【原文】

　　竹色君子德，猗猗寒更绿。

　　　　　　　　　　　——欧阳修《刑部看竹效孟郊体》

【释文】

　　竹有君子的风采，严寒中更茂盛翠绿。

　　文人喜用梅兰竹菊喻君子，常以梅之傲喻高洁，以兰之香喻贤达，以竹之形喻清雅，以菊之野喻独行。但是细品下来却发现，尽管这四者已然不俗，却并没有反映出能代表君子本质的品性。要知道，一枝独秀可不是君子的价值取向啊！君子是人之社会性的典范，其本质是以追求社会价值为人生之使命。

　　不过相较而言，还是拿竹子喻君子似乎更为妥帖。王阳明《君子亭记》谓"竹有君子之道四焉"，即"君子之德""君子之操""君子之时""君子之容"。具体而言便是："中虚而静，通而有间，有君子之德"；"外节而直，贯四时而柯叶无所改，有君子之操"；"应蛰而出，遇伏而隐，雨雪晦明，无所不宜，有君子之时"；"不挠不屈，若虞延群后，端冕正笏……，有君子之容"。王阳明说得不错，因为"虚静通间"反映了君子的世界观是开放的、无所羁碍的；"节直无改"反映了君子的人生观，不为一己私利随波逐流、趋炎附势；"蛰出伏隐"反映了君子"义以为上"的智慧，"不挠不屈"反映了君子矢志不渝的精神面貌。不过不得不说，王阳明和其他文人一样，漏掉了竹子身上最关键的一个特征，也正是竹子的灵魂。也许正是因为没有抓住这一灵魂性的特征，让这些文人们疏忽了君子本质性的品性。或者也可以反过来说，正是因为那些文人们没有抓住君子本质性的品性，才忽视了竹子真正的灵魂。

竹子可谓是一木成林的典范，每一根竹子都能年年生发，以至于整片竹林郁郁葱葱、生机盎然。然而我们再仔细观察，你会发现没有一根竹子在乎自己长得多粗壮、多高大，它们的生发似乎只为了这片竹林更加茂盛。如果把竹子的这种"竹林精神"映射到人类身上，那不正凸显了人之社会性吗？如果把竹林看作是人类社会，那么盘根错节的竹根不正是人与人之间紧密关联的象征吗？

可是有多少人能真正参透这一点？那些趋炎附势之辈固不足道，那些厌世避世还以君子自居的人，他们不觉得羞赧吗？不要企图做一个徒有其表却没有灵魂的伪君子！

每一个人都可以是人类文明的继承者和开创者，而君子则是以此为使命的。我们不能以文明的不完善为借口自命清高或独善其身，只要有一点希望，就应当寻找机会为人类文明的前程而努力。自古以来，像孔子、孟子、王阳明这些真正的人中君子不都是这样走来的吗？若是他们只顾自己一枝独秀，又何来今日之中华文明？

|第九章|
君子有终身之忧

【原文】

君子所以异于人者，以其存心也。

君子以仁存心，以礼存心……

君子有终身之忧，无一朝之患也。

——《孟子·离娄》

【释文】

君子之所以能异于常人是因为保留了本心的善端。

君子能够把"仁心"守住，把"礼心"守住……

君子有终身忧虑的事物，但不会被一时之患困扰。

　　儒学以周公为先导，创自孔子，由孟子发展为心学，以二程、朱熹和王阳明等为代表的宋明理学让孟子学说进一步发扬光大，孟子一支由此占据儒学半壁江山，几与孔子平分儒学之秋色。由于儒学过于庞杂而繁盛，所以当我们把儒学看成一个整体的时候，习惯拿孔孟之名来提纲挈领，以至于很多人以为儒学完全是一脉相承的。但事实上，现代儒学中非常明显的心学特征并非源自孔子，而是从孟子发端的。诚然，开创和发展是文明进步的先决条件，但为什么要在这里强调孟子和孔子的区别呢？

心学的本质强调个体文明的发展程度完全是决定于个体自身的，即所谓"发明本心""内圣外王"之类。无疑地，这种学说在每一个人的启蒙阶段对于激发其个体文明是很有益处的，因为这让每一个人都看到了成贤成圣的希望。可惜的是，心学大大忽视了社会文明对个体文明的影响力（关于心学的这个缺陷，在下一篇《君子之驳》的第六章《君子存之》中会进一步阐述）。事实上，站在今天的角度来看，社会文明才是个体文明的决定性力量。如果这个缺陷不纠正过来，那么被心学主导的儒学之路将越走越窄。

所谓"君子所以异于人者，以其存心也"的说法从根本上讲就是不对的，并且对君子品性的培养产生了严重的误导。因为君子品性不是人之动物性所具有的，不是存在于个体之先天中的，而是存在于社会文明中的。所以我们要在融入社会文明的过程中去发现和体会君子品性，而不是妄图从自身去寻找。这样去看，我们就会进一步明白所谓"君子以仁存心，以礼存心"的说法是很荒唐的。"重仁""守礼"都是君子品性，但这些都是人之社会性的体现，是在社会文明中通过后天的启发和培养而形成的人性，不是所谓的"存心"能够做到的。

所谓"君子有终身之忧，无一朝之患也"这一主张倒是成立的，但是我们不能用心学的逻辑去理解。如果按照心学的理解，君子应该整天去担心有没有抛弃人之本性，这就很荒谬了。因为在培

养人之社会性的过程中，所有人之动物性要么应当被抛弃，要么应当重新去认识。

事实上君子真正的忧患，对外在于有没有充分汲取社会文明，对内在于有没有受制于自身的狭隘。只要一个人能够时时刻刻提醒自己既不放松学习，又不忽视自身的狭隘性，那么他就不会像常人一样常常陷于困境，也不会因一时之难而感到忧患。

|第十章|
君子不立危墙之下

【原文】

莫非命也，顺受其正，

是故知命者，不立乎岩墙之下。

——《孟子·尽心》

【释文】

天命不可违，顺命而为才是正道，

知天命者能辨析危险，处置危险。

"命"是中国文化中一个绕不过去的根本要素。可以说，中国文化之丰富与博大在很大程度上与对"命"有不同方向以及不同层次的理解有关。简而言之，在宗教文化中，"命"类似于西方的决定论思想，故有"命中注定""听天由命"之说，因此便有了占卜、算命之学；但在春秋战国之后开始兴起的非宗教文化中，不管是儒家、道家、墨家还是法家、兵家、名家，都开始把"命"看作是规律，并且是能够被人掌握和运用的。而所谓的"天命"，就是最本源的自

然规律。由于儒家在中国持续两千多年的统治力，导致中华文明的主流是非宗教的，大体上既不依赖宗教，也不过分排斥宗教。

孔子有"五十而知天命"和"不知命，无以为君子"之说，而孟子也认为"莫非命也"，即世上没有什么不是有"命"的。我们从孔孟二者一贯的主张中可以推断出他们眼中的"命"主要是自然规律，而非无法把握以及无法违抗的神的意志。但是中国人对经典的解读从来都是多元化的，其中很多还是相互背离的。这让中华文明日益渊博的同时，也要求我们培养更强的辨别能力，否则就很难确保自己从文明中汲取的力量到底是正面的还是负面的。就拿"命"而言，如果我们不加辨析地去品读相关典籍，就很容易陷入误区，要么把决定论当作精华来吸收，要么把智慧良言当作糟粕去批判。

相对于"知命者不立乎岩墙之下"，后人更喜欢用"君子不立危墙之下"来表达。任何人都不可能做一个彻底的"知命"者，君子也不例外，所以即使是君子也不可能具备辨识任何危险的能力。但能辨识多少危险本身并不是这两句话想要表现的精髓。君子，真正应该懂得的是"不立危墙"的含义。

很多人把"君子不立危墙之下"当作明哲保身的理由，这是对孟子的误读或扭曲。孟子的本意应当是要及时发现危险并做出妥善处置，其核心是强调把发现重大隐患放在首要位置的处事理念，而不是强调四平八稳。诚然，发现危险并远离之是一种处置方式，但对于君子而言这绝不是唯一的和最合理的处置方式，比如尽其所能排除危险或者降低危险可能造成的危害都是比一躲了之更优的选择。另外，并不是所有的风险都是"危墙"，过分夸大危险而导致无所作为亦非君子所为。

第六篇

君子之驳

　　文明有发展，有更新，有淘汰。在过去的年代，不管是物质文明还是精神文明，很多曾经辉煌过的文明一旦淘汰便杳无踪影，无法再现，这是让今人感到遗憾的。在信息存储技术无比发达的今天，我希望所有的文明都能以一种合理的方式得到整理和保存。因为即使那些眼下看起来最无用的东西，往往也会随着文明的继续前进而突然迸发出意想不到的生机和活力。所以今天的批驳是为了淘汰一些过时的言论，但并不是为了彻底消灭它们，而是为了让那些更能促进当前发展的文明元素凸显出来。

|第一章|
驳君子思不出其位

【原文】

　　子曰："不在其位，不谋其政。"

　　曾子曰："君子思不出其位。"

——《论语·宪问》

【释文】

　　孔子："不在这个职位上就别操那个心。"

　　曾子："君子只关心自己职位上的事情。"

　　孔子留下来的精神财富，绝大多数都有顽强的生命力，总能在不同的时代土壤里开出不一样的花朵。但他老人家说过的话里，也有一些是无法与时代合拍的。而这些不合时宜的话往往被后人越解释就变得越苍白，越莫名其妙。所以面对这些经典，与其勉强为其寻个理由，倒不如狠狠批驳一番。哪怕确实是我理解错了，就权且当作是抛砖引玉而以正视听吧。因为我会理解错的，很多人也一样会理解错。

"在其位,谋其政"是当然的,"在其位,不谋其政"是可耻的,这二者都是很好理解的。但所谓"不在其位,不谋其政"这句话,理解起来就很费劲,关键在这个"谋"字。

如果把"谋"理解为"出主意"或是"考虑",那就完全没办法解释"不在其位,不谋其政"这句话的意思了。因为:第一,任何人对家事国事天下事都有关心和表达意见的权利;第二,一个希望管理政事的人,坐到位置上后固然应当对这个位置上的事务谋得更深些,但不可能不坐在位置上就对此一无所谋。如果把"谋"解释为"图谋"或者是"干预",似乎好理解些,但也比较牵强。若作"图谋"解,那应当是图谋职权的意思,所以表达成"不在其位,不谋其职"才对;若作"干预"解,倒是可以解释通顺了,但应该表达成"不在其位,不干其职",因为"谋"字本身并没有"干预"的意思。

如果认为孔子说的"不在其位,不谋其政"这句话多少还能嚼出点滋味来,那么曾子的这句"君子思不出其位"就完全不知所云了。不知道曾子怎么会不顾老师孔子"君子不器"的教诲,而提出这么一个荒诞的主张。

君子当以破除心中狭隘为己任,其思考问题,从领域上讲不应有任何忌惮,更不会给自己设置障碍。那种画地为牢,用某个职位去禁锢自己或禁锢别人的思想,就像给人套一个紧箍咒,但怎么好意思把这样一个紧箍咒套在君子头上?

孔子是一个豁达而开明的人,是中庸思想的倡导者和践行者,但这不意味着他的言行处处都能符合中庸之道。不仅如此,从曾子到孟子,到程朱,到王阳明,儒学其实充斥着许多极端思想,所谓"君子思不出其位"便是其中一个。

|第二章|
驳君子谋道不谋食

【原文】

君子谋道不谋食。

耕也，馁在其中矣，

学也，禄在其中矣。

君子忧道不忧贫。

——《论语·卫灵公》

【释文】

君子要把精力花在学道上，不要浪费在生活问题上。

你自己去耕种也会挨饿，倒不如专心学习拿到俸禄。

君子应该担心自己荒废学业，而不是担心吃不饱饭。

儒家经典被近现代中国人诟病甚多，最主要的原因是儒学曾经占据着中华文明主导地位两千多年，这使得已经走上神坛的儒家经典无法进行正常的新陈代谢，很多思想既不能自由发展，也不能及时更新，连那些早就不合时宜的本应淘汰掉的思想也因像

宠物一样被豢养而延存了下来，甚至一样被供在神坛上。

从古至今，多少儒生拼死也要往为官之路上挤，多少儒生哪怕无法自食其力也要貌似傲气，当我们笑他们迂腐，笑他们酸臭的同时，可曾想过究竟是什么让这些儒生犯了魔怔？好一个"君子谋道不谋食"！

君子不应该把主要精力放在生活条件上，这是对的。但是怎么能把这一条推到极端，以至于认为君子连最基本的生活保障都不需要操心呢？这种万恶的极端思想竟然一直寄生在推崇中庸之道的儒学生态中，真是孔门之大不幸。

说什么"学也禄在其中矣"！一个连最基本的生活需求都无法自行保障的人，一旦脱离他人之供养，便只能把希望寄托在科举取士这一条道上。可这条道自古以来能挤进去多少人，又有多少人冻死、饿死在这道旁？而那些曾经受尽世间冷眼终于有幸上道的人中，又有几个人最后能成为心系天下苍生的君子？

说什么"君子忧道不忧贫"！一个君子，只有当他有能力摆脱贫困的情况下，才有资格在他贫困的时候说自己"不忧贫"；反之，如果一个人连摆脱贫困的能力都没有，却还在谈什么"不忧贫"，这就是为他的无能在找借口。一个连个人基本需求都无法自给的人还妄谈什么独善其身？然而可笑的是，这样滑稽的借口竟然是从祖师爷那里寻来的。

最后，让我们重温一下本书第三篇第一章关于"君子务本"具体要求的第一条："既不忽视自己的基本需求，也不过分追求物欲及物质财富。"

|第三章|

驳君子学以致其道

【原文】

子夏曰："百工居肆以成其事，

君子学以致其道。"

——《论语·子张》

【释文】

劳动者靠埋头苦干把事做成，

君子通过奋发读书为官从政。

"仕而优则学，学而优则仕。"是《论语·子张》里记载子夏说的另一句话。应该说，重视学习是儒学留给我们的宝贵传统之一，但是关于为什么学以及谁应该学这两个问题，儒学经典中向来对此偏见甚重。

学习不是学生的专属，更不是君子的专属，士农工商各个阶层的人以及无论老幼皆应把学习当作一生之修为。然而在传统文化中，凡是劝学之声多以功名利禄为诱饵，那些鼓励所有人在任何年龄段

都要学习的声音太过稀少，以至于人们普遍觉得学业有成或自食其力之后便可以心安理得地放下学习，甚至有很多成年人以学习为耻。

所谓"百工居肆以成其事"，乍一看是那么回事，可一旦与下文"君子学以致其道"联系起来就不知道是怎么回事了。拿"百工"与"君子"相对，其实就是在说劳动者不可能是君子，而君子亦不可能成为劳动者。又拿"居肆"与"学"相对，更是把劳动与学习完全割裂开来，以为劳动就是劳动，学习就是学习。也许，正是因为这种对工匠，或者说是对劳动者的歧视，导致了中华文明中严重缺乏工匠精神。卖油翁、庖丁解牛、轮扁斫轮这几个寓言故事虽然很能体现工匠精神也很脍炙人口，但它们的出发点其实都不是为了赞颂或尊重劳动者，只不过是为了借此启发那些"上等人群"罢了。

而如果单独把"君子学以致其道"拿出来，其实也读不出什么毛病，但是一联系上文便知其真实意图了。何谓"致其道"？我们本可以解释成"齐家治国平天下"，但放在这个语境下，我们自然而然就把"致其道"看作是做"人上人"了。古时做人上人只有一条道，那就是"为官从政"，而其中"从政"不过是个牌坊，"为官"才是目的。

今天，虽然"致其道者"不必非得为官，但希望通过学习摆脱劳动人群做人上人的理念依旧根深蒂固。曾经，统治阶级堂而皇之地把劳动人民放在受人役使的地位上，孟子一句"劳心者治人，劳力者治于人"的伦理思想让这种观念显得更为天经地义。

所以我们一定要清醒，要摆脱这种畸形的认识，要举全社会之力拔高劳动人民的薪酬和地位，要让"务实"的人群越来越优秀，而不是反过来鼓励优秀的人都去"务虚"。

| 第四章 |
驳君子爱财取之有道

【原文】

君子爱财，

取之有道。

——《增广贤文》

【释文】

钱谁都爱，君子不例外，

但不能为了钱财走偏门。

所谓"君子爱财取之有道"是后人假借孔子之口说出来的，在《论语·里仁》里孔子的原话其实是这样说的："富与贵，是人之所欲也，不以其道得之，不处也。"应该说这两句话确实意思相近，所以不算后人篡改。唯一需要指出的是，孔子只是把这一条当作是做人的标准，并不是做君子的标准。所谓做人的标准，在孔子眼里只是底线问题，即不为恶。而要给君子立标准，那就必须给出更高的要求，即为善。诸如"不义而富且贵，于我如浮云"，"士志于道而耻恶衣恶食者，未足与议也"，"己所不欲，勿施于人"，

等等，在孔子眼里不过只是做人的底线而已，并非君子的标准。

爱，即向往和守护之意，未得之爱乃向往，既得之爱为守护。君子有所爱，如义、仁、道等，君子有所不爱，如财、名、欲等。

爱是心智与旨趣的综合，是一个人价值取向最清晰的呈现，也是其人生的指引和能量。一个人的人生之路会往哪个方向走取决于他爱什么，而在这个方向上能走多远则取决于他爱的程度。因爱的程度不同，人生有出彩与平淡之分。因爱的方向不同，出彩的人生有高尚与高超之分，而平淡的人生亦有平凡与平庸之分。超越高尚的是伟大，伟大的人生未必令人羡慕但一定受人崇敬；比高超更高的是飘逸，飘逸的人生一定令人羡慕但未必受人崇敬。

君子是社会价值的维护者和创造者，其人生目标至少应以高尚为标准。

在曾经那些物资紧缺，以及各种权利无法得以保障的令人压抑的年代里，人们为了生存，普遍把钱财、声名、欲望这些看得很重是可以理解的。但到了今天这个富足、平安、自由的新时代，人们的眼里却还只有钱、名、欲就无法原谅了。可事实偏是如此，在今天那些出彩的人群里，大多是高超、飘逸之徒，而那些平淡的人里也尽是些碌碌平庸之辈。

也许正是物质世界的繁荣发展抑制了人们的精神世界。在趋俗之风泛滥的当下，想超凡脱俗何其容易！钱、名、欲这三样，放开一个即为不俗，看穿两个便属超凡，三者皆可弃者已然入圣。孔夫子若在天有灵，见此状必当痛心疾首。

"君子爱财，取之有道"，诸如此类严重降低君子标准之说可以休矣！

｜第五章｜

驳君子之泽，五世而斩

【原文】

君子之泽，五世而斩。

小人之泽，五世而斩。

予未得为孔子徒也，

予私淑诸人也。

——《孟子·离娄》

【释文】

君子和小人的影响力都超不过五代。

我虽继承孔子遗风，但已非其真传。

"小人之泽，五世而斩"，小人家风之下自然一代不如一代，即使在曾经那个世袭分封的年代里，到第五代才复归平民已是阿弥陀佛。所以此言不差！我们现在仍有"富不过三代"的说法，讲的就是不管多大的家业和财富都很难长时间守住。但"君子之泽"岂是"小人之泽"可比？

　　小人之泽，不外乎物质财富和阶级地位，泽被之处无外乎一家一族而已。然而在君子眼中，小人之泽粪土不如。粪土虽臭尚且肥沃良田，可财势看似光鲜，无德之人守之必反受其害。拿小人之泽类比君子之泽，居心何在？

　　君子之泽有两脉，主脉是君子之德，即精神财富，是流向整个社会的；支脉是君子之家风以及世人对其之敬意（可将此理解为社会地位），是流向其家、其族的。只要人类文明不灭，君子之泽中无论哪一脉都将延绵不绝，安受五代所限？

　　如果"君子之泽，五世而斩"中的君子不是指有德之人，而是特指君王之子，即诸侯之流，那么此话也讲得通。但是既然后面跟了"予未得为孔子徒也，予私淑诸人也"这一句，便不是照那般理解了。这里显然把孔子也放在此君子之列了。

　　好个"予未得为孔子徒也，予私淑诸人也"。初读原想为谦辞，再品方知是骄语。无处拜师门不代表孔门无后，更不代表孔子之德已然不存，否则安来"私淑诸人"？正因为百多年后孟子仍可"私淑诸人"，才证明孔子之泽犹存，那么何来"五代而斩"？

　　现如今倒是真有那么一些满口仁义道德，却不知君子之泽为何物者，可悲可叹！

|第六章|
驳君子存之

【原文】

人之所以异于禽兽者几希，

庶民去之，君子存之。

——《孟子·离娄》

【释文】

人有别于动物的内在差异极少，

一般人丢掉了，但君子保存着。

　　孟子无疑是有大气魄的，发出过很多振聋发聩的声音，对青少年极具感染力和引导力。然而，当我们充分融入社会，并对人性进行深入思考后，就会发现孟子的很多主张其实是无法在他自身的理论根基上站住脚的。当然首先要肯定的是，孟子的大部分主张在今天来看依然是值得推广的。但是孟子的理论根基一定要被纠正过来，否则他的那些能够令人醍醐灌顶的主张就不能令人真正信服，反成了空泛之辞。

所谓"人之所以异于禽兽者几希",从人之动物性的角度来看，此言不差。在《孟子·公孙丑》中，孟子提出的人生来有"恻隐之心、羞恶之心、辞让之心、是非之心"，就是他所认为的人区别于动物的"几希"之性。尽管本人完全不认同孟子的"四心说"，但本章要阐明的并非人之动物性与动物的本质区别，所以并不纠结于此点予以驳斥。

然而，"人之所以异于禽兽者"从根本上说不是取决于人之动物性，而是取决于人之社会性。在人类诞生之初，也就是人类文明的启蒙阶段，人和动物的主要区别已经开始从人之动物性逐渐向人之社会性转移，到人类真正进入文明阶段后，人之社会性就已经成为人和动物的根本区别。所以任何一个人的人性从根本上说并不是与生俱来的，也不是一成不变的，而是与其所处的人类文明紧密关联的，并且最终取决于这个人在他所处的环境下发展出来的人之社会性。

孟子无疑是人之社会性的典范，是君子。但是孟子并没有认识到人之社会性才是人性的根本，同时也就没有认识到人具备人之社会性是人区别于动物的主因，而人之社会性之间的差异才是君子区别于常人的原因。所以，君子是因为健康而充分地发展了人之社会性才得以成为君子的，并非是保留着人之动物性中某些异于动物的人性才成为君子的。而常人之所以只是常人，不是因为他们丢弃了人性，而是他们在培养自身人之社会性方面相对欠缺罢了。

因此，如果非得给"人之所以异于禽兽者几希"落个注脚，与其说"庶民去之，君子存之"，倒不如说"庶民固之，君子改之"。